天皇象徴の起源と〈私〉の哲学

日本古代史から実存を問う

林 順治

JN128508

えにし書房

天皇象徴の起源と〈私〉の哲学／目次

問うと言うことは問うところのものに
すでに打たれていなければならない

（マルティン・ハイデガー『存在と時間』）

序章　「世界内存在」

フロイト『モーセと一神教』

精神分析の創始者として、また神経症の研究を通して世界的に知られているユダヤ人ジークムント・フロイトも、最晩年に書いた破天荒とも孤高ともいえる『モーセと一神教』はあまり知られていません。というのはこの本の内容は歴史でもなく精神分析を対象としたものでもないために、それぞれ専門分野の研究者や学者の埒外《らちがい》におかれたからです。いわゆる「フロイトを語る人はモーセに言及せず、モーセを語る人はフロイトを一顧だにしない」という状態が長く続いたからです。

私が『モーセと一神教』を知ったのは人文書院から一九八四年に出版された『フロイト著作集』の第一一巻『文学・思想編Ⅱ』の森川俊夫訳「人間モーセと一神教」を読んだ時でしたから、今から二五年前になります。人文書院の『フロイト著作集』に収録された「人間モーセと一神教」は、一九九八年渡辺哲夫氏の訳で日本エディタースクール出版部から出版され、同じ本が二〇〇三年ちくま学芸文庫として出版されてからその内容はひろく知られるようになりました。

フロイトには人間の深層心理と夢の関係を分析した『夢判断』という本があります。しかしこれから述べることは『夢判断』のことではありません。『モーセと一神教』を理解するための前提となる夢にまつわる『旧約聖書』の話です。両親をユダヤ人にもつフロイトはユダヤ教＝『旧約聖書』とはけっして無縁ではありませんでした。『旧約聖書』には「創世記」に始まり「出エジプト記」「レビ記」「民数記略」「申命記」で終る「モーセ五書」と呼ばれる物語が収録されています。私がまずお話ししておきたいのは、「創世記」三五章二二節の「ヤコブの息子は一二人であった」という、一一番目の子ヨセフのことです。

ヨセフと一一人の兄弟

ヨセフは兄たちの悪巧みによって、エジプトに売られてしまいました。ヨセフを買ったのはエジプト人でファラオ（エジプト王）のポティファルという宮廷侍従長でした。ヨセフは夢を解く才能にとてもすぐれていました。その才能はやがてファラオの耳に届き、ヨセフはファラオの夢を次々に解きました。ヨセフはファラオが見た「実の入っていない穂が、よく実った七つの穂をのみ込んでしまった」という夢を解いて、七年の大豊作のあとに、エジプトを滅ぼす七年の大飢饉が始まると答え、ファラオに大飢饉にそなえるように進言しました。

ファラオは「このように神の霊が宿っている人はほかにあるだろうか。お前を宮廷の責任者にする。わが国民は皆、お前の命に従うだろう。ただ上位にあるということだけで、私はお前の上に立つ」と、印章のついた指輪を自分の指からはずしてヨセフの指にはめ、ヨセフを王の第二の車に乗せました。

ヨセフが予言した通り七年の大豊作の後、エジプト全土と周辺諸国に七年の大飢饉が襲いました。ヨセフの一〇人の兄たちも、食糧をもとめてカナン地方からエジプトにやってきました。

そこでヨセフの知るところとなり、一〇人の兄たちとカナンの地に残された父ヤコブと末子のベンヤミンは、エジプトに移住することになりました。カナンは地中海とヨルダン川・死海にはさまれた地域一帯の名です。『旧約聖書』では「乳と蜜の流れる場所」と語られ、神がアブラハムの子孫に与えると約束した土地であることから「約束の地」とも呼ばれます。「約束の地」は今のイスラエルとパレスチナを中心とした地域です。

エジプト脱出

「創世記」四六章二六節に「ヤコブの腰から出た者で、ヤコブと共にエジプトに行った者は、ヤコブの息子の妻たちをのぞけば、総数六六名である。エジプトで生れたヨセフの息子は二人である。従って、エジプトへ行ったヤコブの家族は総数七〇名であった」と記されています。イスラエルの人々が、エジプトに奴隷として住んでいた期間は四三〇年でした。四三〇年を経たちょうどその日に、イスラエルの人々はモーセに引き連れられてエジプトの国を出発したのです。

「出エジプト記」一二章三七節には「イスラエルの人々はラメセスからスコトに向けて出発した。一行は、妻子を別にして、壮年男子だけでおよそ六〇万人であった」と記されています。ヤコブを父とする一二人の兄弟がエジプトに移住してから四三〇年経っていました。モーセがイスラエル人を連れてエジプトを脱出したのは紀元前一二三〇年とされていますから、ヤコブと一二人の兄弟がカナンからエジプトに移住したのは紀元前一六六〇年ごろになるわけです。

ヒトラーのオーストリア侵略

まえおきが長くなりました。さて、フロイトは一九三七年、雑誌『イマーゴ』に「モーセ、エジプト人」という論文を発表しました。その内容はモーセがエジプト人でアーメンホテプ四世の高官ではないかという想定にもとづくものでした。この論文の発表がいかに危険であるかフロイトは十分知っていました。何故かと言いますと、『旧約聖書』ではモーセはイスラエルの預言者であり、ユダヤ人の父であり、建国の主であるからです。

フロイトの両親はユダヤ人ですがユダヤ教会に通わないユダヤ人でした。当時、そのようなユダヤ人が多くいました。現在のチェコスロバキアに属しているライズベルグ村で、フロイトは父ヤコブの半分も歳の少ない二度目の妻アマーリアの長子として生れています。ですからフロイトには父ヤコブと先妻の間に生れた腹違いの兄弟二人、自分の下に五人の妹、一人の弟をもっています。家族はフロイトが三歳のときの一八五九年にウィーンに転居しました。

フロイトがヒトラーのオーストリア侵略によってイギリスに亡命したのは一九三八年です。フロイトは八〇年間ウィーンで生活し、精神分析におけるその業績のすべてはウィーン時代に達成されたものです。言うなればフロイトはカトリック国家オーストリアの保護下にあったことになります。そのフロイトが「モーセはエジプト人だった」と言うのですから、カトリック教会からの圧力と弾圧は当然考えられました。

論文を発表する一年前にフロイトは、ニーチェやリルケの愛人でもあり友人でもあったルウ・サロメに、オーストリアのカトリック教会当局からの精神分析に対する禁止という危険を冒さないでは発表できないし、また、逆にこのカトリック体制のみがフロイトたちをナチズムから守ってくれると書き送っています。さらに、フロイトはサロメに「モーセ物語の歴史的根拠は確実ではないので、私は沈黙を守ります。私自身は問題の解決を信じられるというだけで十分です。このことは生涯を通じて私を追いまわしてきました」と伝えています。

もはや失うものがなにもない。あるいはほとんど失うものがない者に固有の大胆さでもって、私は十分に納得した上での決意をもう二度目ではあるが翻し、『イマーゴ』に（第二三巻、一号と三号）に掲載したモーセに関する二つの論文に、これまで差し控えていた結末部を付け加えることにする。この仕事を成し遂げるためには私のもろもろの力はもうないであろうと自覚している旨を私はすでに明瞭に述べたし、高齢ゆえの創造力の減衰という事態ももちろん考えたのであるが、しかし、なお別の障害を念頭においていた。

引用最後の「別の障害」というのは、いままでカトリック教会の保護をうけてナチズムからの弾圧を免れてきたが、この論文にあらたな結末部を付け加えることによって生じるカトリック教会側からの圧力のことです。フロイトは続いて次のように語っています。「実に奇妙な現実だが、ほかならぬカトリック教会制度が上述したように文化の危険性の拡大に力強い防衛力でもって対抗している状況になっている。これまでは、このカトリック教会制度こそが、考えることの自由および真理認識への進歩にとって宿敵であったのに！」

心的外傷→防衛→潜伏→神経症発症

フロイトが言う新たに付け加える「結末部」とはいかなる内容なのでしょうか。その「結末部」というのは、フロイトがユダヤ教の一神教を神経症発症に類似する事例として分析したことです。どういうことかと言いますと、かつて経験され、のちに忘却された印象、すなわち神経症の病因論に非常に大きな意味をもつ印象をフロイトは心的外傷と名づけています。それは論理的思考を圧倒し、心に迫りくる強迫という名の特徴を持ちます。心的外傷のすべては五歳までの早期幼年時代に体験されます。その体験は通常完全に忘れ去られているのですが、要するに心的外傷→防衛→潜伏→神経症発症の経過をたどるというのです。

人類の生活においてもこのような個人の生活における事態と似たことが起こっているとフロイトは考えたのです。人類の生活でも性的・攻撃的な内容の出来事がまず起こり、それは永続的な結果を残すことになったが、とりあえず防衛され忘却され、長い潜伏期間を通してのち、発生すなわち出現するというのです。フロイトはこの想定にもとづき、神経症状に似た結果こそ宗教という現象にほかならないと考えました。

このフロイトの説は、日本古代は新旧二つの加羅系と百済系の渡来集団によって建国されたとする石渡信一郎氏の研究と私自身体験した神経症をもとに考えるとよく理解できることがわかったのです。逆にフロイトの「歴史の二重性」から日本古代国家の形成を考えると石渡信一郎氏の新旧二つの渡来集団による建国の史実が鮮明にイメージできるのです。私は『ヒロシマ』のあとに書いた『アマテラス誕生』でフロイトの「歴史の二重性」からアマテラス神話の秘密を解明しようと試みました。

日本国家形成の史実

国家の形成は個人の形成と類似しているとフロイトは言っています。本書は、フロイトの説と私の神経症と石渡信一郎氏の日本古代国家形成の史実がいかにどのように結びついて、いま現在の私の見方考え方「世界内存在」に至っているかについて書いたものです。石渡氏はいみじくも「古代天皇制が、現在の象徴天皇制と深いかかわりがあり、象徴天皇制の存否が、将来日本の大きな政治問題になるだろう」と指摘しています。

石渡信一郎氏の「新旧二つの朝鮮渡来集団による建国の史実」を想定に入れるならば、これまで行われてきた天皇の「親政」「不親政」「権力」「無権力」など「象徴天皇制」および「天皇制」にかんする論議の九割以上は、根底から再検討する必要があるのではないでしょうか。赤坂憲雄氏は『象徴天皇という物語』（ちくま学芸文庫、二〇〇七年）で、縷々《るる》天皇制論議の間違いと不毛性を指摘しています。しかし、皮肉にもその孤軍奮闘の論述は赤坂憲雄氏自身が皇国史観から逃れきれていない状況ともどかしさを物語っています。

百済から渡来した王子昆支《こんき》は弟の余紀《よき》とともに広大な河内湖を開拓したのち、昆支＝倭王武＝「日十《そか》大王」として日本最大の古墳誉田陵《こんだ》（応神陵）に埋葬され、余紀＝男弟王《をほど》＝継体天皇は仁徳陵（大山古墳）に埋葬されたとする話のほうがはるかに史実に近いのです。

全国で一位、二位を争う巨大古墳に埋葬されている二人の天皇＝大王がどうして権力をもっていなかったなどと言えるでしょうか。稲荷山鉄剣銘文の獲加多支鹵《わかたけろ》大王＝欽明天皇＝天国排開広庭《あまくにおしはらきひろにわ》天皇がその名が示すように、どれほどの絶大な力をもっていたか、すこし想像力を働かせればわかることです。『記紀』にもとづく日本古代史の通説が間違っているのです。石渡氏は『応神陵の被葬者はだれか』とその後の一連の著作で、通説の誤りを検証しています。

なお、今年（二〇〇九）、私は『応神＝ヤマトタケルは朝鮮人だった』（河出書房新社）と『隅田八幡鏡』（彩流社）、石渡氏は『完本　聖徳太子はいなかった』（河出文庫）を出版しましたので参考にしていただければ幸いです。

「天壌無窮」の皇国神話

初期律令国家体制（天武→持統→藤原不比等）は、『記紀』によってアマテラスや聖徳太子を天皇家の皇祖神や仏法のシンボルとして創出しました。その理由は乙巳《いっし》のクーデタ（六四五年）以前の皇位継承をめぐる天皇家の激しい対立と天皇家の出自にあります。そのことについては、第二章の「百済から渡来した応神＝ヤマトタケル」をご覧ください。

乙巳《いっし》の変＝大化の改新がいかに熾烈なクーデタであったかは、蘇我馬子の墓（石舞台古墳）の暴かれたその姿が私たちの目の前に晒されていることからも明らかです。初期律令国家体制が創った国家形成の神話は、明治二二年（一八八九）の大日本帝国憲法の告文「天壌無窮」「神ノ宝祚ヲ承継」と第一条「大日本国帝国ハ万世一系ノ天皇之ヲ継承ス」に引き継がれています。明治天皇自ら国民道徳の形成を呼びかけるという特異の形式をとった「教育勅語」は明治憲法が公布された翌年に発表されていますが、初期律令国家によって創られた聖徳太子の「十七条憲法」に酷似しています。

『日本書紀』によると、アマテラスは皇孫のホノニニギに玉と鏡と剣の「三種の神器」を与えて、「葦原千五百秋瑞穂国《あしはらのちいほあきのみづほのくに》は、是、吾が子孫の王たるべき地なり。爾皇孫《なんじすめみま》就《ゆ》きて治しらせ。行矣《さきくませ》。宝祚《あまつひつぎ》の隆《さか》えまさむこと、当に天壌《あめつち》と無窮《きわまりなき》けん」と伝えました。「葦原の瑞穂国は我が子孫が君主たるべき地である。汝皇孫よ、行って治めなさい。さあ、行きなさい。宝祚の栄えることは、天地とともに窮まることはないだろう」という意味です。明治帝国憲法は一一七〇年前に編纂された『日本書紀』の皇国の神話をまる写ししたのです。

支配のシンボルを手に入れたマッカーサー

ヒロシマ・ナガサキの後、連合国軍最高司令官マッカーサーは日本国憲法の作成に着手しました。

その第一条は「天皇は、日本国の象徴であり日本国統合の象徴であって、この地位は主権の存する日本国民の総意にもとづく」となっています。前文では「主権が国民にあり、その国民の一人一人が選挙した代表者を通して憲法を確定する」と唱えているのですから、前文と第一条の矛盾は明らかです。

しかし、日本は無条件降伏によって、つまり、戦争に負けることによってこの平和憲法を受け入れたのです。いったい日本および日本人は何のために、誰の名のもとに戦争をして、なぜ壊滅的な敗北にいたったのでしょうか。その誰かが仮に天皇であるとするならば、その天皇を日本および日本人の象徴とするということは、どういうことになるのかもう一度考えるべきではないでしょうか。

絶対的な勝利者マッカーサーの意図は明らかです。軍人マッカーサーにとって必要なのはもはや戦争ではなく平和です。マッカーサーにとって戦争は終わったのです。マッカーサーに必要なのは永続的な支配のためのシンボルなのです。戦争に勝利したマッカーサーは、「平和」と交換に「象徴」という名の天皇の帽子を手に入れたのです。その日は、一九四五年九月二七日、天皇裕仁がマッカーサーの宿舎アメリカ大使館を訪問した時でした。

マッカーサーによる日本国憲法の作成過程は第二章の「連合国軍最高司令官ダグラス・マッカーサーと昭和天皇」をご覧ください。ついでに、本書の各構成についてお伝えしておきます。

本書の構成

第一章の「存在の故郷」では、筆者が体験した「神経症」の発症と治癒の具体的な事例が、フロイトの言う神経症の病因論、すなわち心的外傷→防衛→潜伏→神経症発症とどのように類似しているか、私の幼年時代から青年時代前期までの記憶を通して検証し、私が「世界内存在」を認識するに至った思想・文学・哲学の志向を語ります。

第二章の「象徴天皇と日本および日本人」では、マッカーサー主導による日本国憲法の成立過程を語り、津田左右吉の「万世一系の天皇」の皇国史観がいかに無傷で戦後マッカーサー体制に引き継がれているかを検証します。そして津田左右吉の説が、一九九〇年に公表された「日本古代国家は新旧二つの朝鮮渡来集団によって建国された」とする石渡説といかに乖離し、転倒しているかを念頭に語ります。しかし、この『記紀』にもとづく根強い日本および日本人の歴史観＝皇国史観はベルリンの壁が崩壊（一九八九年）して二〇年経つというのに、いまだに「鉄のカーテン」のように重く垂れ下っています。

とは言いながら、今も昔もそうですが、日本は日本だけであるのではありません。皇国史観という「鉄のカーテン」が取り払われようとしているのが、二〇〇九年の日本です。グローバリズムのなかで先進国・発展途上国にかかわらず国家および国家同士に民族・言語・宗教・文化の軋轢が多発しています。矛盾するもの、整合性のないもの、おかしいもの、隠されたもの、支配するもの、隷属するもの、対立するもの、ジョージ・オーエルが言う「2＋2＝4」でないもの、古いもの新しいものが、すべて現われないものはありません。しかもそれが世界同時にです。もっとも特徴的なのは、二〇〇九年八月三〇日に日本で起きた自民党から民主党への政権交代です。国民一人一人の投票による歴史的な政権の交代を中心テーマにしながら、第三章は、「二〇〇九年」の前半の政治と〈私〉を日記風に語ります。

以上、「天皇を象徴とする日本および日本人と戦後の私」をテーマとする本書ですが、その探索と説明がどれだけ成功したかは、読者の皆さんにおまかせするほかありません。私としては、皆さんの自由な想像力をいくらかでも刺激することができればと願うのみです。

二〇〇九年九月末日

著者

第一章　わが存在の故郷

1　兄弟姉妹一一人

一一人兄弟の末っ子

一一人兄弟のなかで私だけが東京で生れました。「ほんとうは一一人ではなく、昭二と八重子の間に女の子が生れたが、名前をつけないうちに亡くなった」と、母は言っていました。すると私は一二人兄弟の末っ子というわけです。長兄と私の年齢はちょうど二四歳はなれているので、母は二年に一人、子を生んだことになります。実は父と長兄も二四歳はなれています。三人とも辰年です。小さいころからよく「三辰は縁起がよい」と言われ、私はそのことを忘れずに覚えています。

太平洋戦争の始まる一年前の昭和一五年七月二五日、私は世田谷区下馬一丁目一八番地で生まれました。昭和一五年は西暦一九四〇年の干支は庚辰の年にあたり、東京では一一月一〇日宮城外苑で「紀元二六〇〇年」の式典が行われれたそうです。私の生まれた日はきっと暑い日だったにちがいないと思い、先日、国立国会図書館の新聞閲覧室に行って調べてみました。案の定、その日の東京の気温は三一・二度でした。ちなみに東京朝日新聞は吉川英治の「源頼朝」を連載中でした。

　ジリジリ暑い夏の日になると、いまでも私は渋谷駅西口から下馬循環バスに乗って下馬一丁目のバス停で降りて周辺を歩き回ったりします。私の生れた家がいま「さがみや」というソバ屋さんとして残っているからです。二年前の夏、その「さがみや」で昼食をとりました。おかみさんの話によると、そのおかみさんは昭和二一年ごろに静岡から嫁にきてからずっとおソバ屋をやっているそうです。

　ソバ屋のおかみさんは家の構造も当時と変らないと言っていました。今年八七歳になる長兄の嫁（以下、お姉さん）の話によると、当時、玄関奥の右手の階段を上ると一〇畳の部屋があり、隣に六畳の部屋、そして六畳間の手前に八畳の部屋があったそうです。一階は資材置き場と四畳半と台所です。二階の一〇畳は私をのぞく兄たち五人の部屋、六畳は新婚ほやほやの長兄夫婦の部屋、八畳は父と母と生れたばかりの私と上から五番目の姉と八番目の八重子たち五人の部屋でした。私が生れてからは五番目の姉は近所に部屋を借りて一人住まいをしたそうです。

家族全員の記念写真

　私が大事にしている家族全員でとった写真があります。以前、五番目秀子姉さんから借りて拡大コピーしたものを、書棚の本の背にセロテープでとめて朝夕ながめています。三番目の兄だけは写真の右上に焼き込みにしています。おそらく出征中でその時いなかったのでしょう。「写真は昭和一八年の春ごろでしょう」とお姉さんは言っていますが、二番目の兄雄二が出征先から一時帰休した時に記念として二階の一〇畳の部屋で撮ったそうです。

写真前列中央は父から左に母・私・私のすぐ上の兄が、父と同じように行儀よくすわっています。下から三番目の兄はすぐ上の兄の後ろで金ボタンの学童服に真っ白な衿《えり》を立て直立不動の姿勢で立っています。おそらく小学校三年生になった春頃だと思います。全員カメラを直視していますが、誰も笑っていません。みんな緊張しています。中央の父だけがカメラのわずか右手の向うを見ています。一瞬何かほかのことを考えたのかもしれません。長兄だけが少し歯をのぞかせています。この家族全員の写真は、父千代吉が五〇歳、長兄英一が二六歳、私が二歳の時の写真です。父福岡千代吉と母サタの間に生れた一一人の兄弟の名前を長兄から列挙すると、英一・雄二・雄三・憲四郎・秀子・勇・昭二・八重子・弘・清・順治です。

母は私を生むのが恥かしく、周辺の病院を回ったのですが、どこも許可してくれなかったそうです。昭和一六年一月二三日、政府による「産めよ増やせよ」の閣議決定されましたから、前年から都内の病院にはしかるべき情報がゆきわたっていたのでしょう。お姉さんは「あなたをよくおんぶしたわ」と言います。私はその記憶はありません。長兄も「朝、出勤するとき追いかけてくるので、俺の子かと思われるんじゃないかと閉口したよ」と言っていました。私はこのお兄さんがとても好きでした。

疎開

昭和一九年三月、父と母と私・清・弘・八重子、そして長兄の嫁（お姉さん）の七人の家族は、父母の郷里秋田県平鹿郡福地村深井（現・横手市雄物川町深井）に疎開しました。私が三歳と八ヵ月の時です。今はもう廃線になりましたが、そのころ横手・大森間を横荘線というローカル線が走っていました。おそらく私たちは沼館駅を降りてから二キロ南の深井まで歩くつもりだったのでしょう。

沼館町の大きな柳の木の下で、お姉さんの下駄の鼻緒が切れて立ち止まったのを私は覚えています。父と母とすぐ上の兄も一緒のはずですが、誰と誰が一緒に帰郷したのか記憶にないのです。ただ、お姉さんがお店の前でしゃがんだことと、そのしゃがんだ地面が雪解けのように濡れていたことを覚えています。

なぜ、この場面だけを鮮明に記憶しているのか不思議です。しかし、私にとって田舎の第一歩だったのです。というのは、その三歳八ヵ月目のシーンから小学校一年生の冬のS君とのつかみ合いのケンカまでなんの記憶もないからです。満州から引き揚げてきたS君は同学年でも二歳年上で、体も一回り大きく知恵も発達していました。すでにS君は竹組のボス的存在になっていたのでしょう。おそらく私も松組のボスだったのかもしれません。

というのは、いまでもその時の緊迫した気持を覚えているからです。いわば避けることのできない対決でした。私は松組の声援を背後に隣の教室に乗り込んで、ストーブの周りに立っていたS君の口に右手の親指を入れながら、S君の左胸に頭をつけて左手はベルトをつかんで教室の隅の薪を入れた木箱のなかに押し込んだのです。

闘争

当時、松・竹組あわせて一一〇人の生徒がいました。私をボスとする松組とS君をボスとする竹組の戦争は激しさをくわえ、二年生になると互いに廊下の片隅の下足板を振り回して交戦しました。三年生のとき、私とS君は一緒に藤の蔓がからまった松の木でどちらが高く上るか競り合いました。それは内心とても恐ろしいものでした。一本のよくしなるあまり大きくはない柳の木が藤の蔓がからまった松の木の近くに立っていました。ある時、私は藤の蔓を利用して柳の小枝に飛び移る際、落下して右足を捻挫しました。そのため学校を休むことになったのです。学校を休んだのは、その時と小学六年の時、スキーをはいたまま氷の張った深い溜池に落ちて風邪を引いたときです。

私の捻挫事件から松組と竹組の戦闘は収束に向いました。学校にはコの字になった花壇や畑になった中庭がありました。休み時間によく中庭に降りて遊んでいました。S君も一緒だったと思います。授業のベルがなったので土足のまま窓から教室にはいあがろうとしたところを、待ち構えていた担任教師に猛烈なカウンターパンチを額に喰らって中庭にもんどりうって転げ落ちました。藪睨みの担任教師とちょび髭をはやした新任校長は丸刈り頭でしたので、二人はお互いに通じているのではないかと思い、私はしばらくはおとなしくしていました。

引きこもり

このようなことを話すのも、疎開するまでの世田谷下馬の三歳八ヵ月までの記憶が鮮明だからです。

母に抱かれて海に入ったことや、広いコンクリートの道路を三輪車で走り回ったことや、大きなお風呂屋をのぞきに行ったことが記憶に残っているからです。近くに大きな練兵場がありました。海に入った私の記憶は間違いでしたが、母から聞いた話では、母は一歳にならないヨチヨチ歩きの私をおんぶして多摩川に水浴びに行ったそうです。

母は東京下馬から深井に移住して間もなく、私がまるで眠り病にかかったように眠ってばかりいるのでとても心配したそうです。お姉さんは私が押入れの中に入ったきりなかなか出てこなかったと言っていました。二人の断片的な話をつなぎあわせると私は今でいう引きこもりのような症状になっていたようです。その時期が、お姉さんに子どもが生まれた前か後なのかはっきりしません。私は母におんぶされて、母の素肌の背中から垣間見た緑の水田は、私が引きこもりから立ち直りつつあった日に見たはじめての故郷の風景かもしれません。

沼館駅に降りて三ヵ月後の昭和一九年六月一九日、お姉さんに男の子が生まれました。しかしその年の一〇月、お姉さんは長兄がビルマから帰るというので下馬に戻りました。しかし、英博という名の子は、肺炎をこじらせて生れて八ヵ月後の昭和二〇年二月六日に亡くなりました。そして、長兄が東京に帰るやいなや、今度は五番目の兄勇が広島に召集されました。長兄の休暇は、ビルマ戦線の撤退による一時的な休暇だったのでしょう。長兄が再び戦場に戻る前に戦争が終ったのです。

お姉さんの子英博が亡くなった昭和二〇年二月六日という日は、アメリカ軍が硫黄島に上陸する一三日前でした。そして三月九日、Ｂ29の東京大空襲で東京下町の二三万戸が壊滅、死者行方不明者は一〇万人以上出ました。そして三月一三日、アメリカ軍が沖縄に上陸しました。八月六日、広島に原爆が投下され、続いて三日後の八月九日長崎に原爆が投下されたのです。八月三〇日マッカーサーが厚木飛行場に到着しました。

2　父と母と私

故郷雄物川町深井

私をのぞく八人の兄と二人の姉たちは雄物川のほとりの深井という集落で生れました。深井の所在地は秋田県平鹿郡福地村深井です。今は横手市雄物川町深井になりました。平鹿郡内の福地村・里見村・沼館町と館合村の一部と雄勝郡の大沢が合併して平鹿郡雄物川町になり、今の横手市雄物川町になったのです。私がこれから話します深井は平鹿郡福地村深井のころです。天平九年（七三七）大野東人が雄勝村に郡を建てたころからあった「平鹿」という古い郡名はなくなりました。

昭和一三年三月、父と母と生れたばかりの兄清と弘と八重子は母の長姉が住む東京世田谷の下馬に移住しました。母から聞いた話では、祖母が亡くなったので寂しくなって上京したということですが、納得できる説明ではありません。造ったばかりの家を他人に預けて上京するというのは、よほどの事情がなければならないはずです。当時、長兄は難波組という建築会社で働いていて、すぐ下の弟たちも長兄の世話になっていました。

父も長兄を頼りに上京を決意したのかもしれません。昭和一二年七月七日盧溝橋事件が勃発し、日本と中国は全面戦争になりました。昭和一三年四月一日国家総動員法が公布されたので、父の上京はこの法律と何か関係があったのでしょうか。国家総動員法とは「戦時体制下における人的および物的資源の運用」のことを言うので、父のような大工仕事が重宝されたのかもしれません。父は神社や学校を建てるのを得意としていたそうですが、当時、むしろ、解体・移転などに仕事のひきあいが多かったのかもしれません。

深井は横手盆地の中央を東西に横断する国道一〇七号線（本荘街道）沿いにある横手から約一六キロ西の集落です。深井集落のすぐ西側を出羽山地沿いに北流する雄物川は下流の大曲で玉川と合流して秋田平野に出ます。雄物川にかかる橋をわたると雄勝郡です。深井から隣村の大沢を経て日本海側の本荘まで約二八キロです。当時、バスが横手・本荘間を往復していました。バスは出羽丘陵の山あいをぬって途中から子吉川に沿って日本海側に出るのです。

岩場

雄物川橋の一〇〇メートル上流に川幅一杯に杉の木材を組み立てた堰堤《えんてい》がありました。その堰堤の左岸から下流の郷村に水を引いているのです。堰堤を越える川の音は、夜も昼も絶えることはありませんでした。白いしぶきをあげて堰堤を乗り越えた水は幾とおりもの浅瀬になって流れ、三吉山の麓につきあたって深いゆるやかな流れに変るのです。山麓の水路は雄物川本流より一段とはやく不気味でした。水路は数百メートル下流で山に掘られたトンネルに流れ込んでいくからです。

山の裾野を切り開いて水路を造ったために山肌があらわになり、遠い村々からもそれが雄物川橋のたもとの三吉山であることを知らない人はいませんでした。このあたりの雄物川左岸は一メートルか二メートルにかけて岩場が二〇〇メートル下流の水門まで続き、岩場の下の水深は深いところで三メートルもありました。岩場はよほどの雨で増水する以外は、いつも二〇センチほどの露出に保たれていました。岩場から水路に行くには、柳や葦が密生した高い土手を上らなければなりませんでした。岩場のところどころに馬の金沓（馬の足にはかせる金輪）ような跡が点々とあるのを、ある先輩が物知り顔に源義家の軍勢が通った跡だと言いました。下流に義家が攻めたという沼の柵がありました し、その岩場から沼の柵の森が見えましたから誰も嘘だと思いませんでした。岩場は甲羅乾《こうらぼし》もでき、飛び込み台にもなり、岩場の下には鮎や岩魚が群がって泳いでいました。

本荘街道にかかる雄物川橋は木造から鉄筋コンクリート橋、そして現在のバイパスに沿って造られたのが三代目の橋です。最初の木造橋は明治二六年（一八九三）に架けられ、木造からコンクリート橋に変ったのは昭和三二年（一九五七）です。平成一二年（二〇〇〇）に三代目の橋が造られたのです。私が先に話した雄物川橋の上流の堰堤や下流の岩場は、私が深井に移住して数年後から昭和三〇年ごろまでの七、八年、つまり小学校一年生から中学二年生のころにあたります。

父千代吉

私の父福岡千代吉はこの深井で生れました。福岡という姓は福地村では、一二、三〇軒深井だけにまとまっていました。郷里の友人福岡トモ子さんによるとその祖先は九州福岡から来たそうですが、確かなことはわかりません。私の父は明治二五年の生まれですから、明治では二世代目の人です。宮本武蔵で有名な作家吉川英治や作詞家の西条八十は明治二五年の生れです。陸大を卒業して関東軍参謀を経て南京攻略の功績で軍務局長まで昇進した武藤章も明治二五年の生れです。

武藤章は昭和二三年A級戦犯として処刑されましたが、東条英機と満州支配で対立した石原莞爾は明治二二年の生れです。東条英機は近衛文麿内閣に代わって軍人のまま昭和一六年一〇月一八日第四〇代内閣総理大臣に就任して一九年七月一八日まで在任しました。近衛文麿は明治二四年、東条英機は明治一七年、ミッドウェーの海戦で大敗した山本五十六海軍大将も東条と同じ明治一七年の生れです。明治一七年から明治二五年の間に生れた職業軍人の多くは、自分の子と同じ世代の数かぎりない若者を戦場に送ったのです。

祖父が大工だったので父も小学校四年を終えて修業に出されました。年齢でいえば父は一〇歳でした。一〇歳の少年がどのような修業をするのか、いまの私には想像に絶します。私は父が四八歳の時の子です。父の若いころのことはすべて父や母や兄や姉からの伝聞になります。私が物心ついた一〇歳ごろは、父の年は五八歳になっていますから、父は大工仕事を引退して農作業を主に、建築業を副業にしていました。

父の昼寝姿を見て、その厚い胸と大きくへこんだおなかをよくさすったものです。二階に通じる階段の一段目は父の大工用具を入れる引出しになっていました。父が自分で建てた家ですから、この引出しは父のちょっとしたアイディアかもしれません。私はよくその引出しから、父のつかった金槌を持ち出して叱られましたが、トンカチというその金槌はとても持ちやすく、何か物を壊すには最適でした。私が一番多くこのトンカチを持ち出して使ったのですから、なぜ記念にとっておかなかったのか悔やまれます。

父に関する私の最初の記憶は、二番目の兄雄二が復員するというので、父の運転する自転車に乗って横手まで軍刀を引き取りに行ったときです。軍刀と横手と二番目の雄二兄の復員がなぜ結びついているのかわかりません。実際、その日、父が軍刀を持ち帰ったという記憶がまったくないからです。たしかに軍刀はある時期から神棚の裏側の隅に保存され、私たちはおそるおそる持ち出して、裏の畑のトウモロコシを切ったりしましたから、雄二兄が持ち帰ったことには間違いありません。

兄雄二の復員

軍刀の到着が先だったのか、雄二兄の復員が先なのか、S君とのケンカがその前なのか後なのかはっきりしないのです。いずれにしても雄二兄は昭和二一年に復員しました。私たち家族が東京下馬から深井に移住してきた二年目のことです。そのころ二度雄物川の土手が決壊して深井も水浸しになりました。母屋と土間で続いている大きな倉庫（小屋）がありました。太い柱に厚い板をわたした倉庫の天井にたくさんの藁を積んでいました。そこはかくれんぼの時や父母に叱られた時か兄弟ケンカで泣かされたときに気持を鎮めるには最適の場所でした。

倉庫の天井から重いものを上げ下ろしする滑車に取り付けた太いロープが垂れ下がっていましたが、最初の洪水の前日でした。そのロープに逆さ吊りにされたのが兄雄二の最初の記憶です。なぜこんな目にあったのかその理由は思い出せません。こわい思い出です。雄二兄はニューギニアから復員した翌年、深井と横手の中間の吉田村から嫁さんを迎えました。三日三晩の披露宴でした。村中から見物に来た人たちが土間に鈴なりになっていました。翌年、雄二兄はマラリアの後遺症で亡くなりました。

雄二兄が亡くなったのは二階の後ろの部屋でした。その奥の戸を開けると藁の倉庫につながっていました。母は私をそばにおいて、「雄二、雄二、なんで死んだ、なんで死んだ」と泣きじゃくりながら亡骸をゆすぶっていました。その翌年、子どもが生れましたが、その子もまもなく亡くなりました。浩一という名だったと思います。浩一の母は米子と言いましたが、米子姉さんは吉田村の実家に戻りました。

埼玉県毛呂山町で……

小学校一年生になる年の正月、私は父と母に連れられて埼玉県入間郡毛呂山町へ行きました。五番目の秀子姉さんが大沢出身の軍人だった佐野という人と結婚して、八高線毛呂駅の近くで製材業をやっていたからです。白い粉雪をかぶった巨大な蒸気機関車が凄い勢いで横手駅のホームに滑り込んできました。私の乗った列車は雪の深い真夜中の板谷峠で何回も何回も行ったり戻ったりしました。未明のキラキラ光る無数のレールを私は車窓に額をこすりつけてあかずに見続けました。おそらく汽車は宇都宮駅を通過していたのでしょう。駅の構内を走りすぎる「カタコト」と鳴り響く振動の激しくなる感触を忘れることはできません。

大宮駅ではホームも列車もレールの上も乗客であふれかえっていました。大宮駅からどのようにしてJR八高線の毛呂駅に着いたのかまったく覚えがないのです。玄関に荷物を置くなり、風呂敷に包んだお酒かお醤油の一升瓶が割れたことを覚えています。秀子姉さんの製材所からあまり遠くないところにお兄さん夫婦の新居がありました。そのころお兄さんは横田基地の拡張工事を請け負っていました。そのためお兄さんは妹の秀子と結婚した佐野という人に製材業をまかせていたのです。

私たちはそのお兄さんの新宅にも何日か泊まりました。そのとき私は一人で遊びに出て道に迷い、誰もいない道端で泣いていました。すると自転車の男の人が後ろの荷台に乗せてくれました。自転車は奥深い山のほうにどんどん走っていくのです。私は「うんでね、うんでね」と言って泣いたのだと思います。自転車の男の人は「僕の家はどこなの」と聞いたのでしょう。私の覚えているのは「埼玉県入間郡毛呂山町福岡組」と繰り返して言ったことです。

というのは上京するまえに上の兄二人が迷子になるといけないからと言って、私に特訓したからです。自転車の男の人はしばらく走って、お兄さんの家に着きました。旅行から帰ってから、二人の兄は「福岡組、福岡組」と言って私を馬鹿にしました。しかし二人の特訓がなければ、兄たちが言うように家に帰れなかったかもしれません。

毛呂山町で道に迷った日の前か後か記憶が定かではありませんが、お兄さんの会社のOさんの運転する車に乗って東京まで行きました、運転手のOさんがひっきりなしに咳払いしていることや、アメリカ兵に検問を受けたり、夜おそく毛呂山に帰ったことを覚えているのです。最近、お姉さんに何の用事で東京に行ったのか聞いてみました。その理由がわかりました。母が世田谷の下馬一丁目にいる長姉を訪ねたいと言ったからです。母にとって下馬は私が生れたところでもあり、一家が移住した思い出の地であったのです。

母は毛呂山町のはずれを流れる小川に私を連れて行き、「順治、ここが雀どこ行く、竹やぶだよ」と言って私の手をにぎりざわざわ揺れている竹やぶをしばらく眺めていました。私はその時はじめて竹やぶを見ました。昭和二二年二月二五日、八王子発高崎行の列車が買い出し客を満載して、埼玉県入間郡の高麗川駅構外手前一キロメートルの急坂で後部四両が脱線転落しました。死者一六三人、負傷者二四九人を出すという戦後最大の鉄道事故です。

お兄さんは「あぶなくその汽車に乗っているところだった。命拾いをした」とよく話していましたが、私が両親に連れられて毛呂山町に行ったのは、昭和二〇年一二月暮れから二一年一月七日ごろまでですから、私たちがお兄さんから事故の話を聞いたのは、私が道に迷った年ではなかったのです。すると、毛呂山町で道に迷った年の春に私は小学一年生になり、その年の暮れか翌年の一月か二月ごろにS君とストーブのそばでケンカをしたのです。

3　母の物語

『おもしろブック』

小学五年生ごろまで、私は父と母と同じ部屋に寝ていました。あるいは六年生までかもしれません。冬休みになると父と母は私を連れて上京しました。私をおいて行くのが心配だったのと、孫のようにあつかえるので気楽だったのでしょう。父と母は四谷見付にある長兄の家を拠点に雄三・憲四郎・勇・昭二・秀子の家をそれぞれ回りました。大晦日には兄たち夫婦とお姉さん兄弟夫婦が長兄の家に集まりました。

お兄さんの自宅のすぐ近くに四階建てのお兄さんの会社がありました。その会社の前の通りを出るとすぐ四谷見付の交叉点でした。見付の交叉点から四谷三丁目の交叉点のほうまでキャデラックやビュイックなどアメリカ人が乗った車が皇居のほうに向かって渋滞しているのを私は父と一緒に見物に行きました。四谷駅の近くに煉瓦造りの大きなマーケットがありました。そのマーケットにお姉さんに連れられ正月用品を買出しに行ったときの元旦でしか味わうことのできない雑踏や匂いを忘れることはできません。

私が東京に連れて行ってもらわなかったのは、小学二年生のときだったと思います。というのは、向いの家のおじさん（父のいとこ）が、「いいわらしだったべな」と言って、『おもしろブック』を東京からのおみやげに買ってきてくれたことを覚えているからです。「わらし」というのは「子ども」の田舎弁です。『おもしろブック』は私が手にした最初の本でした。

私は、『おもしろブック』を見たのは、小学校二年の小正月のときだと思っていました。小正月は一月一五日から始まる田舎の正月のことです。しかし、つい最近『おもしろブック』の創刊号は昭和二四年の九月号であることを知りました。すると私が四年生のときです。どうしても私には小学二年の時に思えるのです。というのは、ゴリラに育てられた少年王者のことをはっきり鮮明に覚えているからです。それ以来、一冊もかかさず中学一年生の終りごろまで『おもしろブック』をとり続けたからです。

集英社の小史を見ると、昭和二三年に、当時、少年少女に大人気であった山川惣治の紙芝居「少年王者」が『おもしろブック』シリーズの第一集として発売され、爆発的なベストセラーになりました。すると、私がおみやげにもらった『おもしろブック』は月刊『おもしろブック』ではなく、『少年王者』単行本シリーズの一冊だったということになるのでしょうか。

『おもしろブック』の発売日が近くなると、私はとなり町の島吉書店に「まだか、まだか」と通いつめました。「まだ、まだ」と店の主人に嫌な顔をされたことを覚えているからです。深井から沼館町今宿まで二キロもありませんが、吹雪で道が見えなくなるのですから、子どもにとっては必死の思いでした。

母サタ

私の母サタは深井の南側の裏深井という三〇軒ほどの集落に明治二七年に生まれました。本荘街道沿いの表深井から裏深井に通じる道は四つありました。福岡利兵衛の家の前からの八幡神社の参道、加賀屋という衣類反物から醤油雑貨類まで売っているお店の側道、土管工場の側を流れる堰ぞいの道、もう一つは赤沼と呼ばれた大きな沼のそばに建っている棚屋の脇道でした。棚屋は昔からカイコを飼っていたからそう呼んだのでしょう。

昭和二九年の雄物川改修工事で棚屋の家も脇道もなくなりました。八幡神社は福岡利兵衛の空地に移転して、参道沿いの木羽《こっぱ》製材工場と福岡トモ子さんや同級生のN君の家など六三戸が新開地に移転しました。私が中学二年生のときです。するとブルドーザーやパワーショベルやトロッコを引く工事用の機関車を初めて見たのは中学一年生のころだったのです。

母が生れた家は加賀屋から一〇〇メートル入った裏町と呼ばれるところでした。母が父と結婚する前の姓は大和と言います。大和谷という家は十数軒ありますが、大和という姓は母が生れた家だけです。母サタには二人の姉と一人の妹、末に弟がいました。母の実家は農家でしたが、母は小作農ではなく一町歩ほどの自営農家だと言っていました。

母の長姉は世田谷の下馬に住んでいましたが、二番目の姉は深井の家の道路をはさんではす向いのお菓子屋さんでした。このお菓子屋さんの叔母さんはすでに亡くなっていましたから、私はよく知りませんが、私たちのいとこがいましたので親戚付き合いをしていました。

大和という母の実家に母の妹が住んでいましたが宮野の姓に代わっていました。その宮野の叔母さんに私はとても可愛がられました。片目が見えませんでしたが、山菜とりの最中に枝で目を突いて失明したそうです。この叔母さんにはいつも「ジュンボ、ジュンボ」とお小遣いをもらいました。

母が近所に出かけるときはいつも私を連れて歩きましたので、私の家は「ジュンボの家」と呼ばれました。母が家にいなくなると、私は「カアチャン、カアチャン」と探しまわりましたので、先々の家でお菓子やお小遣いをもらいました。すぐ上の兄二人は私を「ジュル、ジュル」と呼びましたが、おそらく、「ジュンジ」の「ジ」か「ヂ」が「らりるれろ」の「ル」に転訛したのだと私は推測しています。

女中奉公

母の父は百姓仕事をしないで土木関係の仕事をおもにやっていたそうです。母から父親の話を聞いたことがありますが、母親の話を聞いた記憶はありません。サタ自身、母親の記憶がなかったからかもしれません。というのは、サタは八歳で深井の地主福岡利兵衛の女中奉公に出されたからです。尋常小学校四年間の義務教育が制定されたのは明治一九年ですが、おそらくサタは女の子でもあったことから小学校に行くチャンスがなかったのかもしれません。

私は小学四年ころまでは母と一緒に寝ていましたから、利兵衛の生活がいかに豪奢であったか毎朝聞かされました。母は配膳や廊下ふきをしたこと、大きな蔵が七つもあったことなどです。母の話は大きくわけて四つありました。一つは福岡利兵衛家での生活、もう一つは利兵衛の長女珠子《たまこ》が盛岡出身の田子一民と結婚した際、母が珠子の付き人として女中奉公したことです。

三つ目は自分の末の弟久次郎が関東大震災の際、あまりの熱さで隅田川に入ってから頭がおかしくなったことでした。そして、その時か、それともその前後なのかわかりませんが、弟の久次郎が金庫を見つけたことでした。久次郎が金庫を見つけたことと久次郎が頭がおかしくなった因果関係はどうしても私には理解できませんでした。そして、その話はどうも私だけにしか話していない母の秘密のように思え、私はあまり母に尋ねる気持になりませんでした。当時、久次郎は鉄道学校に通っていたそうです。

東京帝国大学仏文科に入学した福岡利兵衛の長男易之助は、フランスに留学して後、大正四年（一九一五）に出版社、白水社を創業しました。易之介の姉珠子は日本女子大に在学中に東大法学部在学中の田子一民と学生結婚をしたのです。田子は金田一京助と盛岡高等小学校・盛岡一中・一高をとおして同級です。啄木の二年先輩になります。田子一民は衆議院議長（一九四一〜四二年）、農林大臣（一九五三年）を務めました。母が田子一民に仕えたのは、大学を出たばかりの田子が山口県の警察署長として出向したころです。以上のことは、母が私に話したわけではありません。母が私に話したことは、田子一民が毎朝井戸の水を浴びてから読書をしたことや田子夫妻の長子をおんぶしたりして世話をしたことです。

『和尚さんと小僧』

母の話の四つ目は「和尚さんと小僧」の話です。和尚さんから三枚のお札をもらって山に栗拾いに出かけた小僧が、道に迷って山中のおばあさんの家に泊めてもらう話です。そこまではよいのですが、そのおばあさんが真夜中に包丁をといでいる様子を小僧はこっそり見てしまうのです。優しくしてくれたおばあさんが、何と鬼婆と化しているのです。

ふとんをかぶって震えていた小僧の枕元に立って、鬼婆は「起きてオババのツラを見よー、ニーコ、ニーコ」と叫ぶのです。「ニーコ、ニーコ」とはオババが歯をかみ合わせる音です。「ツラ」は顔のことです。小僧は見なくてもオババの正体を知っていますからふとんをかぶったまま、「おばあさん、おばあさん、おしっこが出ます。お便所に行かせてください」と頼みます。

小僧は和尚さんからもらった三枚のお札の一枚を取り出して、「お札さん、お札さん、私が逃げるあいだ、まーだ、まーだと返事をしてください」と頼んで便所の小窓から一目散に逃げました。オババは「まだか！？」と呼びます。お札は「まーだ、まーだ」と答えます。

この間、小僧はどんどん逃げます。オババはついにしびれを切らして、お便所の戸を開けるとそこには一枚のお札が貼ってありました。「待てー、小僧」オババは追いかけます。残る二枚のお札を使って、小僧は和尚さんのいるお寺までたどりつくのですが、和尚さんはなかなか出てきません。オババはすでに近くまで追いかけてきています。

この話は全国に流布している逃鼠《とうそ》物語の一種です。この話は語り手によってさまざまに脚色されています。原型は黄泉国《よみのくに》を訪れたイザナキが妻イザナミに追いかけられる『記紀神話』にあるのかもしれません。いずれにしても追う者と追われる者、登場人物の変貌自在、恐怖と救済など出そろっています。この話をきいてこわくなって抱きついてくるのですから、母親の満足感は推して知るべきです。母は四つの話を一度にすることもありましたが、べつべつの時もありました。

母はたまには「ジュンジ、てんてん手まりを歌え」と私に要求します。私は同じクラスのみっちゃんが大好きでした。小学二年生の秋の学芸会でみっちゃんは私たちみんなの合唱にあわせててんてん手まりを踊りました。そのみっちゃんが東京に転校になったので、私はとてもみっちゃんが恋しかったのです。母はそのことは知らなかったと思いますが、当時よく電気が消えることがあって、そんな時私に「てんてん手まりを歌え」と言いました。ちなみに『鞠と殿さま』という題のこの歌は作詞が西条八十、作曲が中山晋平です。

父も母のとなりに寝ていましたから、母の話や母と私のやりとりを聞いていないわけはありません。「こっちにこい」と父は言います。私に「こい」と言うのです。「ダメだ」と母は言います。「こい、こい」と父は繰り返します。「ダメだ、ダメだ」と言いながら、母は「山こえ、野をこえ、海をこえて、よいこらしょ」と、私を父に渡します。

父の物語

父はとても鬚の濃い人でした。私を両股で強くはさんで鬚の濃いあごを私の顔にゴシゴシこすりつけるのです。父の得意な話は、木下藤吉郎と蜂須賀小六の矢作橋《やはぎ》での出会いでした。矢作川は長野県・岐阜県・愛知県を流れ三河湾に流れる大きな川です。当時、川には橋が架かっていなかったので、今は二人の橋の出会いはフィクションとされています。気分が盛り上がると、父は「青葉茂れる桜井の里の渡りの夕まぐれ」とよく歌いました。しかし父はお酒をほとんど飲みませんでしたし、歌を歌ったりする機会もなかったのでしょう。一人でうなっているような調子でした。

この「桜井訣別」は、明治三二年六月、落合直文に作詞されたものです。作曲は奥山朝恭です。私はごく最近、この桜井という地は、新幹線のぞみが京都を発車すると約一五分で新大阪に到着しますが、その間、進行方向右手に見えるサントリー山崎工場の近くにあることを知りました。桜井という地名は奈良三輪山の南西山麓にもあるからです。

新幹線の左手に見えるのは木津川・桂川・宇治川が合流して淀川となるあたりです。その向うは石清水八幡宮の男山です。右手は京都盆地西側の最南端にせり出した天王山です。一五八二年の秀吉と明智光秀との天下分け目の戦はここで行われたのです。私はいまでもここを通過するときは、つい身を乗り出してこのあたりの風景にみとれます。

小正月に門松を飾るのは、子どもたちの仕事でした。近くの山から三段になった松の木と枝ぶりのよい雑木を切ってくるのです。玄関の左右に雪を高く積んで門松を立てる台を作りました。できるだけ大きく形よく固めるのです。そのころまで、二回ほど雪下ろしをしていますから隣家との境界地は軒下に届くほどになります。道は踏み固められていますが、それでも玄関より一メートル以上は高くなります。ソリ道といって道幅は七、八〇センチになります。

小正月が終ると、「山引き」が家の前を朝から夕刻までえんえん続きました。「山引き」とは、薪にする雑木を切って運ぶ仕事です。横手盆地の出羽山地に近い村々の人たちは深井の本荘街道を通るのです。私は朝からスコップをもって玄関の門松の周辺に立って雪をいじっていました。ソリは人が引っぱるもの、犬が引くもの、馬に引かせるものなどさまざまでした。

隣村の大沢に住むリンゴ売りの雑貨屋さんは、黒い大きな犬にソリを引かせていました。その雑貨屋さんは吹雪の日も大雪の日も朝晩通らないことはありませんでした。私も、その黒い大きな犬と雑貨屋さんの白い手ぬぐいを巻きつけた赤く染まった顔を見ない日はありませんでした。ある日、「大沢のリンゴ屋が、あすこの家のわらしだば、家の前に立っていないときはないと言っているそうだ」と、母が私に言ったのを私は忘れていません。そのとき、私は母が私のことを自慢して言っているのか、あきれた子だと思って言っているのか気になったからです。

4　神経症の発症

インク壷

一九五五年、私は一五歳五ヵ月の時に神経症にかかりました。中学三年生の冬、二階の部屋で炬燵《こたつ》を机にして数学の問題を解いている時です。ふと、問題集のそばにあるインク壷が気になり、そのインク壷を手にとって視界から見えなくなるように何回か移動させました。その時、私は経験したことのない奇妙な動作であることに気付き、自分自身が不安になりました。それ以来、勉強に集中できなくなったのです。つまり、このことが私にとってかなり重要で長い受験生活に大きな支障をきたすようになったのです。

インク壷が気になったこの一五歳の日が何月何日であったのか覚えていませんが、外はベタ雪が降っていましたから、まだ根雪にはならない一二月の二〇日以降だったと思います。次の日も同じ動作を繰りかえしました。しかもそれは何もインク壷だけにかぎったことではないことを知りました。いったん意識したものは消しゴムであれ、鉛筆であれ、なんでもかまわないのです。

インク壷の日が、ある春の真夜中に地響きを立てながらノロノロと家の前を通り過ぎていったパワーショベルを父と一緒に二階の窓から眺めた日とどこかで結びついているのです。しかし戦車のようなキャタピラを持つ機械をはじめて見た真夜中は、私が神経症にかかる二年前の中学一年生の時でした。翌日から私は河川敷に通って、パワーショベルが土をすくってはダンプカーに運ぶそのすさまじい力を驚嘆の思いで見続けました。しばらくして深井と裏深井の約半分の人家六〇軒が移転しました。明治一八年に再建された八幡神社は、六八年後にして福岡利兵衛の隣の以前よりはるかにちっぽけで銀杏《いちょう》の木も杉の木もない新地《さらち》に移されました。

私にはすでに神経症の予兆があったのでしょうか。中学一年の最初のホームルームで新任教師に学級新聞の編集を命じられたのが嫌で、放課後、家に逃げ帰りました。女教師は私の後を追いかけてきましたが、決して走ることはしませんでした。私は魚をすくう網を持って、家の裏からはるかにはなれた田圃の畦道に一人立っていましたが、その教師と母が手招きして私を呼んでいる姿が見えました。

二月一〇日の夢

わかりやすく話すために、便宜上、私の神経症発症の日を「インク壷の日」とします。これから話すことは、私が神経症から救済された日のことです。その日のことを、「インク壷の日」よりさらに鮮明に覚えているからです。治った日を覚えているからこそ、私のかかった病がどのようなものか語ることができるのです。ひとまずこの日のことを話して後、私の病を少し具体的に伝えたいと思います。

一九六二年二月一二日、七番目の兄昭二は結核の末期をむかえ、入院先の国立《くにたち》の病院で亡くなりました。この年の一月からA２型のインフルエンザが流行して、六〇〇〇人の死者が出ました。兄が亡くなる二日前、私は国立に兄のお見舞いに行ってきました。その日の真夜中、私は不思議な夢で目を覚ましました。「二月一〇日の夢」としておきます。

　上から七番目の昭二兄は一九二六年の生まれですから、両親は昭二という名をつけたのでしょう。大正天皇は一九二六年一二月二五日に亡くなりましたので、昭和元年はたったの七日だけです。翌年の元旦からは昭和二年になりました。昭二兄は、長兄の会社で設計の仕事をしていましたが、画家東郷青児の杉並の家を設計してから、画家の秘書のようなことをして服部バレー団に通っていました。兄が結核にかかったことを知った母は「こんな生活はダメだ。もっとまともな仕事につかせたい」と言って、東郷青児に談判に行ったことがありました。

　病にかかる前の昭二兄は東京からやってくると、私たち弟をあざやかなタップダンスで魅了しました。雨が何日も降り続いたのち晴れ上がったある日の午後のことです。昭二兄は増水でとうてい泳いでいけそうもない濁って勢いの強い流れのなかを、私を背中にのせて平泳ぎで向こう岸に渡ったのです。私は昭二兄の首にしがみついた感触を忘れることができません。

　昭二兄が亡くなったころ、私は兄からもらったコートを得意になって着ていました。そのコートは東郷青児が兄のために特別にあつらえてくれたものです。当時、私は四谷須賀町の長兄の家に居候していました。私の部屋は玄関から入ってすぐ右手にありました。私がその部屋を使うようになってから、上の清とその上の弘が二人一緒に中野に移りました。弘はすでに商事会社に就職し、清は司法試験を受験中でしたので、二人一緒でなんとか部屋を借りられるようになったのです。私が一人残されました。

二月一〇日の夢は不思議な夢でした。しかし、目が覚めたときの解放感はかつて経験したことのない言いしれぬ気持でした。何か大きなえたいのしれない雲のような大きな人間の形をしたものが私をぐるぐる巻きにしているのですが、瞬間、その雲のような真綿《まわた》のようなまきついていたものが飛び散ってしまったのです。そのぐるぐる巻きを私は自分の力で解き放ったように思えました。

「故郷」発見！

私は急いで外に出ました。時計を見ると夜の一二時を過ぎています。長兄の家は左門町の都電の停留所から少し入ったところにありました。都電は四谷三丁目から信濃町を経て青山霊園から広尾の方に走っていました。私は都電通りとは反対方向の両側にお寺が並ぶ昔ながらの須賀町の細い道を戒行坂のほうにどんどん歩きました。

名刀正宗をつくった源清麿の墓がある宗福寺が坂道の途中にあります。その手前が戒行寺です。坂の途中に豆腐屋があったので油揚坂と呼ばれたそうです。坂の下は江戸末期から明治初期の非人の集落で有名な鮫ヶ橋ですが、いまの若葉町です。私が小学四年生のころ、長兄は四谷見付からこの須賀町に家を移しました。正月、父と母は私を連れて上京すると、若葉町の商店街をよく歩きました。若葉町から鉄砲坂の狭い急な坂を二、三度曲がると学習院初等科の校門前に出ます。その斜め向いが赤坂離宮です。

私はその夜、鉄砲坂の方に左折しないで信濃町駅と四ッ谷駅間の中央線鮫ヶ橋ガードをくぐりぬけ、旧赤坂離宮の前で外堀通りと二股に分かれる広い道路に出ました。このあたりは紀州尾張家の屋敷を境界にした現在の南元町一帯になりますが、かつて鮫ヶ橋がかかっていた場所です。赤坂御所の西側のこの坂を鮫ヶ橋坂とも呼び、赤坂御所から明治記念館の上り坂を安鎮坂と呼んだそうです。私は安鎮坂とは反対方向の四ッ谷駅の方に向かって坂を上りはじめました。

突然、頭上からドーンという大きな音が聞こえました。しかし、それは実際起きた音ではなく、私の頭のなかで感じた音かもしれません。それから数秒もたたないうちに、稲妻のような光で一瞬あたりが明るくなりました。それも実際の稲妻ではなく、頭のなかで光ったものにちがいありません。

その時のイメージは、衛星を搭載したロケットが発射したような轟音と、そして上昇するロケットと切り離された一段目の燃料ロケットが落下していく光景が混じり合った感覚でした。はるかかなたの上空から落下していくロケットの抜け殻は、故郷の河原に落下していくような、それでいてそこから飛翔していくような感覚です。「故郷」と私はつぶやきました。と同時に、ある何か、それは「書く」とか、「探求する」とか、いま現在私がやっているようなことをやることができるという確信のようなものを感じたのです。というのは、いま、現在私はあの夜一瞬思ったような生活をしているからです。

ごく最近、私は二月一〇日の真夜中にイメージした宇宙ロケットの発射光景は、のちに私が後付けしたイメージではないかと思い、宇宙飛行士第一号のユーリイ・ガガーリンのことに気がつきました。ガガーリンがボストーク一号で地球を一周したのは、一九六一年四月一二日ですから、私はガガーリンが搭乗したロケットが発射する場面を何十回もテレビで見ているはずですから、私の「二月一〇日」

のイメージに大きく影響していたのだと思います。上空からのイメージはアンドレイ・タルコフスキーの『僕の村は戦場だった』の影響もあったのかと思いましたが。この映画が日本で公開されたのは翌年の一九六三年であることがわかりました。

フロイトの説

フロイトは晩年の作品『モーセと一神教』のなかで、「心的外傷のすべてはおおよそ、五歳までの早期幼年時代に体験される」と書いています。そして「その体験は通常の場合、完全に忘れられている。つまり一定の潜伏期間を経るが、性的・攻撃的内実と相互に結びついて発生する」と言っています。つまり、心的外傷→防衛→潜伏→神経症発症の過程を経るというのです。

狭い意味での神経症状とは、防衛と反復という相反する二種類の努力が一緒につくり上げる妥協的形成物である。幼児期の神経症はふつう防衛が優位を占めるので、中断なしに成人神経症にひきつがれることはまれにしかない。

決定的な神経症はその心的外傷に由来しているが、つまり遅れてやってくる。それは思春期の始まりと同時か、やや後かだ。思春期と同時に始まる場合、防衛の力によって圧倒されていた欲動が肉体的な成熟によって強化され、防衛との戦いを再開することによって神経症が露呈する。

思春期開始からやや遅れる場合、防衛によって造られた反応と自我変容が、新たな課題の解決にとって妨害に働くことが明らかになる。そこで防衛という闘いを通して苦労して獲得した組織を維持しようとする自我と、現実の外的世界からの要求との間に激しい葛藤が生まれる。早期の心的外傷・防衛・潜伏そして神経症の発症、抑圧されたものへの回帰は、神経症の典型である。

（『モーセと一神教』より）

あれか、これか

一九六二年二月一〇日の真夜中のことを話しましたので、「インク壷の日」の一五歳八ヵ月から二一歳七ヵ月までのことをすこし具体的にお伝えしようと思います。ただ、ここで断わっておかなければならないことは、私の神経症は、フロイトの分析に適用できると私自身は思うのですが、あくまでも私の事例であってすべての神経症にあてはまると言うのではありません。

「インク壷の日」の前後、私は高校受験のための勉強をしていました。このころ両親は加齢のため、深井の家の後継者を心配するようになりました。上二人の兄が大学受験をひかえ、姉八重子は結婚適齢期でした。私は両親と兄弟の意向を受け入れ、大曲にある県立農業高校を受験することにしていました。父といとこ関係にある向いの家の長男養一郎は私の兄英一とほぼ同じ年齢でした。その養一郎の長男は裕平という私より一年年上でした。裕平さんは、すでに家業を継ぐべく大曲農業高校に入学していました。彼はとくに体格に優れ、運動も頭脳も優秀な万能型でした。

「インク壷の日」の前後、私は学校が行う補習授業を受けずに自分で計画を立てて勉強をしていました。しかし、「インク壷の日」が過ぎたころから、一週間の計画は立てるのですが各教科のバランスがとれず、計画を何回も作り直しました。次第に一つの教科に集中できなくなってしまったのです。学校の補習授業に参加していないこともあり、私は受験の前日、裕平さんの寄宿舎に一人泊めてもらうことにしました。その夜、祐平さんの同僚と先輩が私の歓迎会を開いてくれました。集まった裕平さんの仲間はだれも農家の後継者にふさわしい立派な体格をしていました。

私は大曲農業高校に合格しましたが、なぜか進学することがいやになり、両親にその旨を強く訴えたので、両親と上の二人の兄たちは大曲農業高校→帯広畜産大学→獣医の進路をあきらめ、横手高校→大学→地元の高校教師の路線に変更し、私が横手高校に進学することに同意しました。姉と兄二人は知り合いの教師を通して、横手高校に入学変更できないか学校側と交渉しました。しかし、私の点数では横手高校入学の最低点なので、特例としてあつかうメリットがないということで横手高校の入学は実現しませんでした。

屈辱の学力テスト

私は一年浪人して横手高校に入ることにしました。それには父母の農作業を手伝うということが条件でした。父はすでに六四歳になっていました。父の本業はもともと大工仕事だったので、農作業は私の目から見ても素人でした。父が私の手伝いを喜んだのはいうまでもありません。しかし私のインク壷以来の葛藤は治癒したわけではなく、勉強に集中しようとするとすぐぶり返すのです。

初夏のころから私は勉強の方法を変えました。旺文社から全国高校の入学試験問題をまとめたＡ四判の厚い問題集が発売されていました。私は受験の前日までその問題集だけを繰り返しやりました。試験の合格点数は六〇〇満点の五一七点であることを中学校の教師から知らされました。その年から横手高校では入学の合格点数によるクラス編成をするという噂もありました。たしかに私の周辺には九割前後をとった生徒が十数人いました。

しかし、入学後の中間・期末試験の成績は自分の満足できるものと程遠いものでした。つまり、私は授業をよく聞いてノートをとる方法が身についていないばかりか、もともと予習をする習慣がなかったのです。またまた、「インク壺の日」のころに逆戻りしました。高校では中間・期末試験のほかに年に二、三回の学力試験がありました。その成績結果と順位が英・数・国の科目ごとに廊下の壁に張り出されました。この順位表に自分の名前が出ていないことは、私にとって死ぬほどの屈辱でした。

病気

私は例によって計画の作り直しの時間だけが多く、実質、勉強に集中している時間はごくわずかでした。中間試験最初の世界史の答案用紙が配られました。私の点数は同じクラスの皆川君の点数とくらべてあまりもの差があるのに愕然としました。

皆川君は横荘線の通学仲間でした。彼が私の落ち込みに同情したのか、私が誘ったのか忘れましたが、二人は学校の裏山から旭川の川岸に出て、そこから横手駅まで一緒に帰りました。彼はとてもよく勉強ができました。彼は隣の睦合村の桑木というところから徒歩で横荘線の里見駅まで通いました。冬も横手に下宿しませんでした。彼の勉強方法は、朝四時に起きて、夜は九時に寝るという規則正しいものでした。横荘線の行き帰りに電車の中で旺文社の豆単を取り出して見ていました。彼はストレートで東北大学に進学して、六〇年安保闘争時の川内分校の委員長になりました。

一年生の冬はじめて私は横手に下宿をしました。兄たち二人が泊まった下宿屋さんでしたが、朝晩は家族と一緒に食事をするのです。とても穏やかな三年生のMさんと二ヵ月ほど同じ部屋に寝ました。このころから私は体の変調を訴えました。たえずメガネの度数を気にするようになり、便秘も始まりました。一度、一升瓶に入ったバリウムを一晩かけて飲んでから大腸のレントゲン写真を撮りましたが、その結果はどうなったのかいまでも思い出せません。写真がうまく撮れなかったのかもしれません。

不思議なのは、右肩下の背中の痛みです。枕を高くして寝たときなど夜中に息苦しさで目を覚ますときがあるのです。この痛みは中学の野球部でピッチャーをしていたときの後遺症ではないかと思っています。野球を止めたころから痛みが始まり、いまも続いています。あるいは小学校五年生のころ電柱と電柱の間で行う「大勝利」という遊びで、左手首が電柱に激突しましたが、この治療を途中で止めたからではないかと思ったりします。というのは疲労がたまったときなど、左手首から左肩にかけて痛み、その痛みが右肩に移動するように思えるのです。

最近、いまもこうして命に別状なく生きているのですから、この痛みは父が一〇歳の頃から金槌（トンカチ）を振るったDNAが私の右腕に遺伝したのだろうかと思ったりします。いったいこんなことはあるのでしょうか。確かに、私は右腕に異様とも言えるパワーを感じるのです。というのは水泳の際にクロールで泳ぐときはよいのですが、背泳ぎで泳ぐときは、その右手のパワーがむしろ余計な力が入って泳ぎの邪魔になることがよくわかるのです。私は背中の痛みの治癒のため現在も水泳を続けています。

私が高校一年の春、母が平鹿病院に入院しました。姉八重子が隣村から婿さんを迎える前後から、母は幻聴や妄想を訴えるようになったのです。高血圧症と心臓病の進行もあったのでしょうが、私が見舞いに行くと、病院の外を指さして誰かが自分を連れ去って行こうとしているなどと言ったりしましたが、私には冗談に聞こえる程度でひどいものではありませんでした。兄たちは入る病院が違うのではないかと言ったりしましたが、私はとても不愉快な気持になりました。

英語

研究社で発行している『英語研究』という薄めの月刊の受験雑誌がありました。兄たちが残した二、三年分のその雑誌を四月号から繰り返しました。それに「豆単」より収録単語が多い四六版の単語集を猛暗記しました。いずれも旺文社版でした。二年生の春の学力試験ではじめて英語で四番か五番目に名前が出ました。それ以来、英語だけは卒業まで上位に名を連ねました。その年、上の兄が東大に合格したので、私は教師やクラスの仲間に一躍注目されました。しかし、その頃すでに、数学もその他の教科もほとんど捨てていましたので、中間・期末の試験は惨憺たるものでした。

二年生のとき、生物の単位を落とし、三年生の時に保健体育の単位を落としました。生物を落としたのは、試験の前日、九段高校から転校してきた小原美幸君と遊泳禁止の沼で泳いだことが学校に知られたからです。その生物の教師は担任でした。もちろんテストの点数も五〇点に達していませんでした。保健体育の教師は、クラス仲間の面前で私を「要注意人物」と名指し、「内職するなら、図書館に行け」と言うので、「そうですか」と私はすぐさま図書館に移動しました。するとすぐ後から小原君も「僕も一緒に行くよ」と言って追いかけてきました。

この小原君も神経症ぎみでした。九段高校で一年留年してから横手高校に転校してきましたので、私と同じ年齢ということもあり、互いに打ち解けてすぐ仲良くなりました。彼は現役で早稲田大学政経学部に合格しました。横手の下宿期間は一一月から三月末の約五ヵ月間です。二年生の冬ごろから、私はよく映画を見るようになりました。

映画と図書館

南小学校の前を流れる旭川のたもとに映画館がありました。三年生のときは通算三〇日学校を休みました。学校を休んだ時は、横手城の近くの市立図書館で過ごし、夜は映画を見に行きました。冬の凍てついた夜、映画を見た帰り市内の金喜書店で白い表紙のサルトルの『存在と無』のI巻を買いました。一九六〇年の二月ごろです。当時、サルトルのことは何も知りませんでした。そのときは白い表紙とタイトルにひかれただけです。

サルトルの『存在と無』を手にとる三ヵ月前に、筑摩書房版の『デカルト・パスカル』を買って読んでいました。『方法序説』のタイトルが「理性をよく導き、もろもろの学問において真理を求めるための方法についての序説」であることを知りましたが、その長たらしい書名より、なぜかデカルトがいま私がかかっている神経症の治癒に役立つように直感したのです。デカルトの何が私の神経症の救済になったのでしょうか。サルトルとデカルトについては、次項でお話しいたします。

昼は図書館、午後は映画館という生活は東京に出てからいっそう激しくなりました。上京したころは四谷見付の予備校に真面目に通っていましたが、次第に反対方向の旧赤坂離宮の国会図書館に足が向くようになりました。昼は図書館、夜は映画館ですから、時には朝から夜の九時ごろまで映画館にいることがありました。新聞の映画欄を見てももう見る映画がなくなりました。当時、三本立てが五五円で見ることができましたから、時には一日に六本の映画を見ました。私にとって新宿コマ劇場周辺の映画館で入らないという映画館はありませんでした。

図書館は須賀町に近い御苑前の新宿図書館や旧赤坂離宮の国会図書館、日比谷図書館、場合によって京橋図書館、そして上野の国立図書館の地下室などです。上野図書館の地下室には食堂と床屋があって、床屋の隣の部屋は休憩室になっていました。そこには主に中央大学出身の司法試験のための受験生がたむろしていました。いつも決まってやってくるホームレスもいました。

友

初秋のある日、私は上野図書館で横手高校の三年生のときクラスが一緒だった中村徹君に会いました。その日は二人一緒に不忍池を回って別れました。中村君は田端駅の近くに二年先輩のOさんとアパートに住んでいましたので、私は彼が用意してくれた食事をよく食べました。まもなく、中村さんは新宿図書館に近い富久町のアパートに引っ越してきました。

彼は私にとって救いの友でした。そのころ、ルネ・クレマン監督の『太陽がいっぱい』が上映されていました。夜、私と中村君はよく四谷見付から紀尾井町の坂を下って麹町の方に歩きました。「中村君、好きな人がいる」「国会図書館でよく会うんだ」と私。すると、彼は私の話に合わせてニーノ・ロータの曲をハミングするのでした。

清水谷から麹町の方によく歩いたのは、その人が麹町に住んでいるのではないかと思ったからです。そういえば、高校二年の春、中村君が誘ってきた朝舞中学出身の横手城南高校の女生徒三人と私と小原君とT君の七人で真人《まと》公園へサイクリングをしたことがありました。あの一日は、つらくて思うようにいかなかった高校時代のなかで光り輝いています。

高校卒業時のことを少し話してそろそろ終りにします。学校の授業も終り、横手の下宿を引き払って深井の家で上京の準備をしていました。すると学校から一通の手紙がきました。電報だったかもしれません。忘れてしまいました。「父親同伴で学校に来られたし」という内容でした。約四〇人ほどの生徒が父兄同伴で図書館に集まっていました。

学校側は校長はじめ教頭、各教科の教師、教務主任、担任の教師が一同そろっていました。「単位を落としているのでこのままでは卒業できない。したがって、父兄ともども学校に再試験をお願いするようにしてください」と主任教師は説明しました。生徒側を代表して誰かの父親が切々と「再試験をぜひお願いします」と訴えました。それから出席者一人一人が「ぜひお願いします」と同じように繰り返していました。

私の番になったので、私は「いいです」と言いました。「何がいいのだ」と主任。「再試験を受けなくてもいいということです」と私。「順治！」と主任と担任の教師がつめよって来ました。「どうするつもりだ。大学受験ができないぞ」と二人。「今年は受かりそうもないから、二教科は検定でとります」と私は平然としていました。

いま、当時のことを思い、私がとった態度を深く恥じます。主任も担任も心の優しい教師でした。私は東京外語大学のロシア語科だけを受験志望にしていましたので、現役合格はあきらめていました。また、その能力も資格も持ち合わせていなかったのです。あるいはもしかしたら検定試験も合格できず高校も卒業できなかったかもしれません。結局、私をふくめ全員その日のうちに再試験を受けて、卒業ということになりましたが、私の病はまだ治っていなかったのです。

その日の帰り道、父は「順治、何をもめていたんだ」と聞くので、「いや、なんでもない」と私は答えました。父は現在の私のように耳の聞こえが悪かったので、私と教師のやりとりが聞こえなかったようです。

その父も昭二兄が亡くなった同じ年の三月二〇日脳梗塞で亡くなりました。

5　人はあらぬところのものであり、あるところのものであらぬ

「われ思う、故にわれ在り」（コギト・エル・スム）

それまで哲学書らしいものを一冊も読んだことのない私が、当時、デカルトのどのような哲学にひかれたのでしょうか。いったい哲学とは何でしょうか。デカルトの「われ思う、故にわれ在り」（ゴキト・エル・スム）と言えば、三角形の和が一八〇度であるというピタゴラスの定理を知らない中学生でも知っているはずです。しかし、デカルトの言う「理性・学問・真理」はどれも雲をつかむような話です。雲のように制御できない自分に私は興味をもったのでしょうか。最初から余計なことですが、コギト＝思う（わたくしは）、エルゴ＝だから、スム＝在る（わたくしは）というラテン語です。

だれも哲学は難しいと言います。聞く耳をもたないからです。なぜ聞きたくないのでしょうか。興味がないからです。なぜ関心がないのでしょうか。自分と関係がないからです。自分のことは自分が一番よく知っているので、聞きたくもないし聞かれたくもないのです。それでは自分と関係があれば興味をもつようになるでしょうか。しかしその自分を見つけることがとても難しいのです。簡単に言えば、鏡がなければ自分の外観さえ見ることはできません。

ソクラテスは「汝自身を知れ」と言ったので、毒を飲まされました。しかしニーチェは「すべての哲学者は独断家であった」と、ソクラテスとプラトンを「善と精神」という間違った考えの発明者で

あったと批判しています。だからソクラテスは毒を飲まされたとニーチェは言っているのではありません。ニーチェはもともと「善や精神」など真理と関係ないものをあるかのように誤謬していたことを指摘しているのです。

「何故か」と問うことは哲学にかぎったことではありません。ニュートンは「リンゴはなぜ落ちるのか」と問うことによって地球が宙に浮いて太陽の周りを回っていることを証明しました。問うことはすべて人間がもっている自然の本性なのです。デカルトも「良識はこの世でもっとも公平に分配されている」と『方法序説』の冒頭で語っています。小学生のころ磁石をもらったアインシュタインは、磁石がいつでもどこでも南北をさすのは何故かと考えつづけました。しかし、物理・化学・生物といった自然科学と自分自身を対象とする哲学は対象の本質が異なります。

ホッブズ

人間の感情から経済を考えた人は、『国富論』で有名なアダム・スミスです。アダム・スミスは、人間はペストや戦争による大量の死にかぎりない驚きや怒りや同情と哀悼の意を表しながら、それらの感情よりもいま自分のたった一本の小指の不可解な痛みに対する不安と怖れを最優先するという人間感情の不平等原理を明らかにし、『国富論』よりさきに『道徳感情論』という本を書きました。つまり、アダム・スミスは人間が自己を優先すること、自己の体・病・死に最大の関心をもっていることを発見しました。しかしスミスの考えは、スミスに始まったのではありません。

ホッブズがすでに「善とは人間が生きる力の原点となっている人間の生まれながらにもっている自己保存へのかぎりない欲求である」と提唱していたからです。ホッブズは「万人に与えられている自己保存の原理」から政治と国家の理念を導きだしました。ホッブズによると善と快楽は同一でした。ホッブズは、人が強い感情にひきつけられたり、強い欲望を感じるのは、それが自分の生存に役立つからであり、情念が自分の生存をおびやかすようなものを、欲するわけがないと考えたのです。

当時、ホッブズはケプラーやガリレイの活躍を知っていました。デカルトにも会っています。デカルトはローマ教皇庁によるガリレイに対する異端尋問の有罪判決を知っていましたから、すでに書き上げていた『方法序説』の出版を断念し、その四年後に出版したのです。ちょうどデカルトの名が出てきましたので、なぜ、私がデカルトにひかれたのかという冒頭の話にもどります。

『方法序説』

デカルトは『方法序説』の第一部で「私は幼少のころから文字の学問で育てられ、それによって人生に有用なあらゆることの明らかなことの確実な認識を得ることができると言い聞かされていたので、それを学ぼうという非常な熱意をいだいていた。私はヨーロッパのもっとも著名な学校の一つにいた。そして学識ある人がこの世のどこかにいるものならばここにこそいるはずだ。ここで他の人々の学ぶことはすべて学んだ」と語っています。

デカルトが一一歳の時入学した学校とはラ・フレーシュというイエズス会の学校です。デカルトが学んだラ・フレーシュではガリレイがはじめて望遠鏡を用いて木星の衛星を発見したという報に、祝祭が催されるほどでした。デカルト一四歳の学院生のときです。

デカルトはラ・フレーシュでギリシャ語・ラテン語、歴史、数学、神学、哲学、法学、医学を学び、それでも満足せず占星術・手相術・魔術まで勉強したのです。ブルターニュの高等法院の参議であったデカルトの父は裕福な市民から出たいわゆる「法服の貴族」でした。デカルトは生後一年たらずで生母を失い祖母と乳母の手で育てられました。その祖母と乳母をデカルトは、生涯、尊敬し愛し続けたそうです。

生後間もなく母を亡くして母方の叔母に育てられたトルストイに似ています。トルストイは二四歳の時に『わが幼年時代の思い出』によって、誕生日を迎えた一〇歳の少年と母と家族の一日を完全なまるい世界として描きました。トルストイの愛した乳母は一〇〇歳まで生きました。その乳母はトルストイ家の大きな屋敷の片隅に住んでいましたが、トルストイが散歩中につぶやく「人間とはなにか」という独り言を、チックタク、チックタックという時計の音のように聞いたそうです。

「三つの夢」

デカルトが二三歳の時に見たという「三つの夢」の話は『方法序説』に出ていません。『方法序説』の訳者であり研究者の野田又夫によれば、すでに失われた遺稿集の一つ「オリンピカ」に記されています。「一六一九年一一月一〇日、私は感激をもって満たされ、驚くべき学問の基礎を発見した」との書き出しではじまります。そして三つの夢についてデカルトは次のように語っています。

まず、はじめは何か悪い霊によって自らの意思が縛られている感じであった。そして次の夢は稲妻と雷鳴がとどろき、良い霊が私に臨んだ。そして三つ目の夢はローマの詩人アウソニウスの『わが道はいずれに従うべき』という詩を吟じていた。

三つの夢を見たという一六一九年一一月一〇日から一八年後にデカルトは『方法序説』を出版しました。『方法序説』では、先のドラマチックな夢の体現と様相を異にします。「その頃、私はドイツにいた。いまなお終っていない戦争がきっかけで呼び寄せられた。皇帝の戴冠式から軍隊にもどろうとしたとき、ドナウ河畔の営地に足止させられた。私は何ひとつ心配することもなく終日ひとり部屋にとじこもり思索にふけっていた」と書いています。そして、次に引用した第四部の「われ思う、故にわれあり」の命題に続きます。

私は、それまでに私の精神に入りきたったすべてのものは、私の夢の幻想と同様に、真ならぬものである、と仮想しようと決心した。しかしながら、そうするとただちに、私が気づいた、私がこのように、すべては偽である、と考えようとしている間も、そう考えている私は、必然的に何ものかでなければならぬ、と。そして「私は考える、ゆえに私はある」という真理は、懐疑論者のどのような法外な想定によってもゆり動かしえぬほど、堅固な確実なことであることを、私は認めたから、私はこの真理を、もはや安心して、私の求めていた哲学の第一原理として、受け入れることができた。

読者のみなさんもそうでしょうが、私自身も不思議に思います。というのは、一九六二年二月一〇日の私の夢と私が赤坂御所の坂で見て聞いた轟音と稲妻は、「良い霊、悪い霊」をのぞいてデカルトの第一の夢と第二の夢にそっくりだからです。デカルトの三つの夢は『方法序説』には書かれていないことは先述したとおりです。ただ、三つの夢は『デカルト　パスカル』の巻末にデュアメルによって書かれた「デカルト論」で魅力的に描写されています。すると、私の夢はデュアメルの「デカルト」の影響かもしれません。あるいはどこかの図書館で「三つの夢」について読んでいたのかもしれません。

行動⇕仮説

私の夢からさめた時の解放感は、「故郷＝書く」「喪失＝存在」でした。私は『方法序説』のどこに神経症からの活路を見いだしたのでしょうか。「行動」でしょうか、「経験」でしょうか、ハイデガーの言う「転落」でしょうか。「行動」だったような気がします。とすれば、次に引用する『方法序説』のなかのⅠとサルトルが『自由に関する古典叢書』の序文「デカルトの自由」に書いたⅡが参考になるように思われます。

Ⅰ　私は、成年に達して自分の先生たちの手から解放されるやいなや、書物の学問を捨てたのである。そして、私自身のうちに見いだされる学問、あるいは世間と大きな書物のうちに見いだされる学問のほかは、もはやいかなる学問も求めまいとした。というのは、めいめいが、自分にとってたいせつで、判断すればすぐにその結果によって罰せられるほかないようなことがらについて、なすところの推理の中によりも、はるかに多くの真理を見つけ出せると私には思われたからである。かくて、私は行動において明らかに見、確信をもってこの世の生を歩むために、真なるものを偽なるものから分かつすべを学びたいという、極度の熱意をつねに持ちつづけた。

Ⅱ　人間の自由のもつ効果と建設性こそ『方法序説』のはじめに見出すものにほかならない。はっきり言うならば、行動ないしは発明の確率である。第二の規則が命じている分析は、自由で創造的な判断を要求するものに他ならない。第三の規則とは、無秩序のただなかで追求し、あらかじめ形成すべきものである。曰く「自然のままでは前後のきまらぬものの間にも秩序を仮定せよ」と。

さらに第四の掟である枚挙は、人間精神に固有の普遍化と分類との能力を前提しないであろうか。一言でいえば、方法のもろもろの規則はカントの「図式」に比すべきものであって、自由な創造的な判断に対するごとく一般的な指図を示すのである。デカルトこそは、ベーコンがイギリス人に対して「経験」に従うべしと教えていたときに、自然科学者たるものは、「仮説」を「経験」に先行させるべきことを主張した最初の人ではなかったか。この自由は仮説や図式をうみ出すことによって、すこしずつ真理なるものを構成し、もろもろの本質間の実在的関係を各瞬間的に予感し予示するものである。この自由はすべての人間においてあいひとしく、特にわれわれ人間に属するつとめ、すなわち世界にひとつの真理をあらしめ世界を真実ならしめるというつとめを引き受けさせるのである。

人間はあらぬところのものであり、あるところのものであらぬ

デカルトは「われ思う、故にわれ在り」によって、認識および認識論、存在および存在論を明らかにしたのではなく、その基礎的構造を予告したのです。思う私と思われる私が「＝」であれば、私は私を見ることはできません。思う私と思われる私は異なった存在でなければなりません。私が思う私は、私と異なった私でなければならないのです。そうでなければ、私が私を見ることができません。思う私が思われる私と異なった世界にいるのでなければ、私を私として特定することができない私の存在なのです。

私が私を見るということは、私にまとわりついていた彼らを同時に見なければならない私の構造なのです。ただ、それだけでは、私は私にまとわりついている彼らを同時に見ることはできません。私が私にまとわりついている彼らを同時に見るためには、私は別の彼らの中に投げ込まれていなければならない私の構造なのです。つまり、私は二つの彼らに取り込まれている私を知っていながら、その二つの世界を行き来する奇妙な存在なのです。すでに私は一つの世界を抜け出していながら、もう一つの世界に足を踏み入れようとしているか、すでに踏み入れている存在なのです。

そのような存在でなければ、私は私を見ることのできない私の存在です。それは峡谷にかかった吊り橋の中間にいる旅人に似ています。あるいは軒と軒に網を張って獲物を待つクモにも似ています。しかし谷と谷がなければ旅人は渡れず、軒と軒がなければクモは巣を張ることはできません。片方だけが存在するのではなく、両方が同時に存在しなければならないのです。しかも同時に存在しながら一方が現われつつ、一方は消えつつある存在でなければならないのです。サルトルはデカルトのコギトを発展的に説明することによって、デカルトのコギトの構造を明らかにしたのです。サルトルは『存在と無　I』の「第二部対自存在　第三章超越」で次のように書いています。

人間存在は、自分が存在への現実的な現前としてそれであるべきであるところの一つの具体的な否定から、溢れ出るかぎりにおいてしか、自己を諸否定の未完結的な全体たらしめない。もし人間存在が、事実、単に、統合的無差別的な否定であること（について）の意識であるならば、人間存在は、みずから自己を規定することはできないのであろう。したがってまた、人間存在は、たとい全体分解的な形においてにせよ、自己の諸規定の具体的な全体であることはできないであろう。

人間存在は、自分が現在あるところの具体的な否定から、自分のすべての他の否定を通じて、逃れ出るかぎりにおいてしか、全体であることはできない。人間存在は、自分がそれであるところの部分的構造から、自分がそれであるべきであるところの全体へ向かっての超越であるかぎりにおいてしか、自己自身の全体であることができない。そうでないならば、人間存在は、単に自分があるところのものであることになり、決して全体としても非全体としても考えられないであろう。

世界＝内＝存在

以上のことがらを、「一月一〇日の私の夢」以降、サルトルの『存在と無』「対自と即自の関係」を通して学び、ハイデガーの『存在と時間』の「世界内存在」論によってその考えを補強することができました。ハイデガーは「問うということは、求めることである。そして、求めるということは、求められているものの側からあらかじめ受けとった志向性をそなえている。問うということは、存在するものを、それが現にあるという事実とそれがしかじかにあるという状態について認識しようと求めることである」と語っています。

もろもろの学問は、現存在（実存）の存在の様態である。現存在はこれらにおいて、必ずしも現存在自身たるを要しない存在者とも交渉している。しかるに、現存在には本質上、「なんらかの世界の内に存在する」ということが属している。したがって、現存在に本属している存在了解は、同根源的に、「世界」というようなものの了解と、世界の内部で接しうる存在者の存在についての了解とにもおよんでいる。してみれば、現存在的でない存在性格をそなえている存在者を主題にしているもろもろの存在論は、前＝存在論的了解という性格を内包している現存在自身の存在的構造のうちに、その基礎をもち、かつそれによって動機づけられているのである。

（『存在と時間』細谷貞雄・亀井裕・船橋弘訳、理想社）

『ロシアは誰に住みよいか』

この年、私は早稲田大学の露文科に入学しました。面接の日、真ん中に座っていた初老の教授が、「君、ロシア文学で何が一番好きかね」と私にたずねました。私はその教授が、兄の友人の父とかつての学友であることに気付いていました。「ネクラーソフの『ロシアは誰に住みよいか』です」と答えると、教授は「君、君！、それを訳したの僕だよ」と言って立ち上がりました。「谷耕平先生ですね」と私。教授は左右に座っていた同僚の教授を見てから満足そうに座りました。

ネクラーソフは詩人にして雑誌『同時代人』の主宰者でした。トルストイの『わが幼年時代の思い出』は、この『同時代人』から出版されました。『貧しき人々』もそうです。『貧しき人々』を最初に読んだネクラーソフは、ベリンスキーの家に駆け込んで「新しいゴーゴリが出た！」と叫んだといいます。ドストエフスキーはベリンスキーの前で一晩かけて『貧しき人々』を朗読したのです。晩年の『作家の日記』でドストエフスキーはネクラーソフの思い出を魅力タップリに語っています。

ベリンスキー、ドブロリューボフ、ゲルツェン、チェルヌイシェフスキーらはすべてヘーゲル主義者でした。チェルヌイシェフスキーは、トルストイの最初の『わが幼年時代の思い出』を「かつてこのような弁証法的小説はあっただろうか。いや、ない！」と激賞しました。トルストイやドストエフスキーはもちろん、プーシキンやレールモントフ、ゴーゴリからチェーホフまで、私は赤坂離宮の図書館や上野図書館や日比谷図書館で読みました。

当時、私はベリンスキーのゴーゴリへの手紙に大きな関心をもっていました。ドストエフスキーは、ベリンスキーのゴーゴリへの手紙をペトラシェフスキーが主宰するフーリエやフォイエルバッハの勉強会で朗読した罪で、三三名の仲間とともにペトロパブロフ要塞に拘禁されたからです。ベリンスキーとゴーゴリの葛藤は、文学と政治と哲学の関係が見事に凝縮されているからです。

意識のながれ

兄の友人の父は、代々木にある日ソ協会のロシア語の講師をしていました。そのこともあって、私は日ソ協会の図書館によく通いました。ある日偶然、一番下の書棚にドス・パソスの『U・S・A』三部作を見つけました。アメリカ社会を描いたパソスの手法は私を驚かせかつ夢中にさせました。サルトルのアメリカ文学に対する評価にも影響されたのでしょう。私はパソス→ヘミングウェー→スタインベック→フォークナー→リチャード・ライト→ジェームズ・ボルドウィンと、いわゆるロストジェネレーション世代の作家や黒人作家に魅了されました。私が露文科に入学したのはちょうどそのころでした。

入学してから一ヵ月ほど経った月が朗々と輝いている夜でした。私は国会図書館（旧赤坂離宮）の庭に入りました。そのとき、私は呼吸が急に苦しくなり、このまま死ぬのではないかという恐怖感に襲われると同時に「いっさいは自分に責任がないのだ」と思うと、なぜか体がほぐれるような気持になりました。それから、一ヵ月後にまた同じように離宮の庭で呼吸困難に襲われました。同じように死ぬのではないかという気持になったのですが、こんどは「いっさいの責任は自分にある」と思いました。そして、「いっさい責任がないというかぎりにおいていっさいの責任は自分にある」と考えたのです。

半年ほど学校の授業に出ていましたが、「意識の流れ」を手法とした日記風なものを書き始めていましたが、ゴーゴリの『ディカニーカ近郊夜話』のような故郷の物語のようなものを書きたいと思っていました。朝八時には早稲田大学の図書館に入り、そのまま図書館で執筆に没頭しました。

しかし、次第に授業から遠ざかり、書く場所を上野図書館の地下室に移しました。生活のため、いとこが経営する塾のアルバイトだけは真面目に勤めていました。書き溜めた原稿は四〇〇字で四〇〇〇枚に達していました。しかしその原稿は、宮川書房という毛沢東語録でベストセラーを出した出版社に勤めて二年後にすべて破棄しました。

当時、私は毛沢東の『実践論』と『矛盾論』を誰よりもよく理解できると自負し、毛沢東の「赤色政権はなぜ維持できるのか」という論文がいかにマルクス主義的行動の原理をよく言い表しているか、だれかれの区別なく話していました。言ってみれば私は熱心な自称マオ派でした。

私にとって決まった時間に会社に出て、給料をもらい、職場の人間と過ごすことはいままでの生活とくらべてまるで天国のようなものでした。私は誰よりも早く出社しましたので、社長に可愛いがられました。ある日、露文科の金本源之助先生にアファナーシェフ民話集の翻訳出版の企画を持ちかけました。すでに先生はアファナーシェフを訳していたからです。そのとき、先生は「いい人がいるが結婚しないか」と私にすすめました。その日の夕刻、先生と私は今の私の妻の家を訪ねました。

三一書房の創業者竹村一さん

私はその日のうちにOKをしましたが、一年ほど交際したのち私たちは結婚しました。書き溜めた原稿のファイル一〇冊ほどを捨てたのはその頃です。その間、宮川書房は倒産しましたが、兄の紹介もあって私は運よく三一書房に途中入社することができました。最初、四年間は営業の仕事をしましたが、私にとってたやすいことでした。ここでも創業者の竹村一氏に認められ編集部に移りましたが、編集企画もなんなくこなすことできました。

私の編集者としての最初の仕事は竹村社長から言い付かった朴慶植さんの八・一五以前の『在日朝鮮人運動史』でした。私は独自に千田夏光さんの『従軍慰安婦』（双葉社刊行）を竹村さんに相談したところ、竹村さんは新書で出したいという私の希望を受け入れ、私の目の前で双葉社の単行本を「正編」と「続編」の二冊分にして、翌日、林担当の原稿として制作部に入稿してくれました。この本は各三万部ほど売れました。一九七八年のことです。

翌年の春、竹村さんに中目黒にある日本消費者連盟を訪ねるように言われ、そこで環境問題研究家として現在活躍している船瀬俊介さんと懇意になりました。船瀬さんは私より一〇歳年下でした。福岡県田川郡添田町生まれの船瀬さんは九州大学理学部に入学しましたが、学生紛争に嫌気がさして早稲田大学文学部の社会学科に入りなおしました。上京したのは大変でしたが、私は船瀬さんのためにはよかったと思います。

船瀬俊介さん

日本消費者連盟（略称日消連）は農林省参事官であった竹内直一氏が立ち上げた「消費者のいのちと権利をまもる」ための消費者団体でした。船瀬さんは早大を卒業後、ストレートに日消連に入り、運動をかねて日消連で発行する「運動パンフ」の執筆をしていました。当時、彼は二九歳でした。彼はまるで糸の切れた凧のようにブンブンうなっているように元気でしたのでつかまえるのが大変でした。私は朝七時ごろには連絡のための電話をかけ、まだ眠っている彼をよく起しました。

私は彼が日消連で執筆した冊子『あぶない化粧品』に目をつけ、三一新書にしたのが一九七九年の六月です。この化粧品シリーズだけで約一〇〇万冊の売上げに達しました。彼の日消連への貢献はなみなみならぬものでした。私の編集者としての社内の立場も安定したものとなったのです。

いっぽう、私の関心のあった文学と哲学の分野は社の伝統と方針になじまず、私の興味と関心を生かすことはできませんでした。直近の政治問題については社内の党派的体質からどうしても編集者自身が企画の提出に積極的になりきれませんでした。しかし船瀬さんは哲学、文学、政治、とくに映画その他の娯楽にとても理解力があり聞き上手でしたので、私は彼と原稿催促で会うたびに話しつづけました。私は友人兼仕事仲間というまさに一石二鳥の最適な人物に遭遇することになったのです。

マッカーサーに支配された日本だから……

入社して一七年目の一九八八年の四月、著者仲間の知人を通して古代史研究家で元都立高校の教師石渡信一郎氏を紹介されました。この出会いについては、第二章の「百済から渡来した応神＝ヤマトタケル」に書きましたのでご覧ください。翌年の一九八九年一月三一日天皇が亡くなり、一月八日から「平成」と元号が変わりました。この年の一月二〇日、アメリカ大統領にジョージ・ブッシュ（父）が就任し、六月四日天安門事件が勃発し、一一月ベルリンの壁が崩壊しました。

　次の二章ではマンハッタン計画を知らされたトルーマン大統領がヒロシマ・ナガサキの原爆投下を決定するところから叙述しますが、読者の皆様、どうか戸惑わないでください。フロイトは国家の形成は個人の形成に類似していると言っているのですから、そのために私は私の神経症という病をつまびらかにしたのです。ましてや日本はヒロシマ・ナガサキの原爆投下という世界史に類例のない敗北を経て、マッカーサーによって象徴天皇の国となったのです。

　その日本および日本人の歴史について語ることをご容赦いただきたいのです。それは『記紀』が完成する以前の日本の古代史です。つまり、乙巳《いっし》のクーデタ（六四五年）から約三〇〇年前の西暦三五〇年ごろから日本は加羅と百済からの二つの渡来集団によって二度建国されたことを知っていただきたいのです。この史実を知ることによって、私は世界に通用する日本および日本人としてのアイデンティティをもつことが出来るようになったのです。新旧二つの朝鮮渡来集団による国家形成については、二章の最後の項でお話しいたします。

第二章　象徴天皇と日本および日本人

1　ポツダム会談

新大統領ハリー・トルーマン

ポツダム会談は一九四五年七月一七日から八月二日までベルリン郊外ポツダムのチュチチリエンホープ宮殿で開かれました、アメリカ側からは大統領に就任したばかりのハリー・トルーマンとバーンズ国務長官、ソ連側からはスターリン首相とモロトフ外相、イギリス側からは七月二五日まではチャーチル首相とイーデン外相が出席しましたが、イギリス国内の政権交代により、アトリー首相とベバン外相が七月二八日から会談に出席しました。

ルーズベルト大統領が第二次世界大戦終結を目前にして脳溢血で死亡した一九四五年四月一二日の夕刻、宣誓したばかりの新大統領トルーマンは、陸軍長官ヘンリー・ルイス・スチムソンから「いま進行中の一つの大きな計画について知ってもらいたい」と言われ、信じられないような破壊力を持つ一つの新しい爆発物のことを知らされました、そして、その翌日、のちに国務長官に就任するジェームズ・フランシス・バーンズもトルーマンのところにやって来て、「われわれはいま全世界を破壊できるような爆弾を完成しつつある」と話しました。

トルーマンはルーズベルトと違って決断の早いほうではありませんでしたが、周囲の意見をよく聞いていったん決めたことは、確実に実行するという手堅い政治家として知られていました。二人の実力者から原子爆弾の秘密を聞かされたトルーマンは、就任早々いやでも原子爆弾の存在に注意を払わざるを得ませんでした。ルーズベルトの顧問としてヤルタ会談に出席したバーンズはドイツの敗戦処理とルーズベルトとスターリンの対日参戦の確約についても通じていたので、トルーマンはバーンズに国務長官の職を依頼しました。

ウラン原子爆弾はリトルボーイと名付けられ、アメリカの原爆製造計画即ちマンハッタン計画の指揮官レスリー・グローヴズ准将はすでに六月二七日、リトルボーイを太平洋の島に運ぶ計画を立てていました。リトルボーイU二三五爆弾は海上輸送され、いくつかの標的部品はあとで空輸するというものです。原子爆弾の実験はポツダム会談の日程にセットされていました。トルーマンとバーンズのシナリオは、実験がうまくいけばソ連の満州侵攻の必要もなくなるばかりか大統領が実験成功のニュースを持ってポツダムに乗り込むというものでした。

原子爆弾の実験成功

ベルリンにはヘンリー・スチムソンがトルーマン一行より早く着いていました。スチムソンがトルーマンに提出した「対日計画」は、現在中立を保っているソ連の太平洋戦争への参入の可能性をふくめて日本の状況を総括したものでした。その内容は「日本はたび重なる空襲によって大層弱っているが、ドイツの場合よりいっそうの犠牲が強いられる可能性がある」という分析でした。そしてスチムソンは次のように述べています。

「しかし、日本は過去一世紀の間に、きわめて知的な人々を有することを示し、おどろくほど短期間に西洋文明の複雑な技術を取り入れた。それゆえ、日本に対しては十分な時宜を得た警告をなすべきである。個人的にはそうした警告を与えるにさいして日本の王朝（天皇）のもとでの立憲君主制は排除しないということを付け加えるべきだと考える。それが受諾の可能性を高めることになるだろう」

ポツダムに出発する前にバーンズは、スチムソンの考えについて同じ南部出身のコーデル・ハルに相談しました。ハルは一九三三年から四四年までルーズベルトの国務長官を務めています。ハルはバーンズに「この声明は日本にたいしてあまりにも譲歩のし過ぎだ」と指摘しました。多くのアメリカ人が天皇ヒロヒトに日本軍国主義の象徴を見ていることをハルは知っているからです。ハルはさらに七月一六日、「天皇が皇位にとどまることを認めても、日本人は降伏勧告に反発するかもしれない」とバーンズに警告の打電をしてきました。

七月一六日の夕刻、ワシントンのジョージ・ハリソンからスチムソン宛に「今朝実行された。すでに予想を超えている」という原子爆弾の実験成功のニュースが届きました。その夜、バーンズは「天皇についての公約を含めるべきではない」という考えに同意するメッセージをハルに送りました。原子爆弾ができれば無条件降伏を譲歩する必要がないからです。トルーマン大統領もバーンズも実験成功を知ってからはソ連参戦のことはどうでもよくなりました。

チャーチルの感想

七月一七日の午後、スチムソンはチャーチルを訪れ、一枚の紙切れをチャーチルの前におきました。それには「赤ん坊は、満足に生れた」と書かれていました。スチムソンは「原子爆弾が誕生したのです」と告げました。アメリカ側は原子爆弾を使用することについて、すでにイギリス側の了解を得ていました。最後の決定権はトルーマン大統領にありました。そのあとすぐトルーマン大統領はチャーチルの来訪を求めました。チャーチルはその時の感想を『第二次世界大戦回顧録』のなかで次のように語っています。

私は大統領と色々相談した。その週の初めに、スターリンは私に、宛名のない書面が日本大使から渡されたと話した。それは日本の天皇からのものであった。恐らくスターリンか、その他のソ連政府の大官にあてたものらしかった。それによれば、日本は、無条件降伏をみとめるわけにはいかないが、他の条件ならば降服を承知してもよいというものであった。この書面には何も明確なことが書いてなかったので、ソ連政府はなんとも返事ができないと答えたという。しかし、私はもし日本に対して無条件降伏を押しつけるならば、アメリカ国民やイギリス国民の生命を、大いに犠牲にしなければならないということを告げた。

これに対してトルーマン大統領は、真珠湾を奇襲攻撃した日本軍に、軍事的名誉などというものはないとそっけなく答えた。

火の球を見た科学者たち

同じ頃、グローヴズ准将は新兵器のことを知らないダグラス・マッカーサーに情報を与える許可をジョージ・マーシャル参謀総長に求めました。それは八月五日から一〇日の間に、対日作戦で原子爆弾を使用するという火急の事情を考えてのことでした。トリニティ実験をしたグローヴズやその他の証言がスチムソンの手許に届きました。スチムソンはトルーマンやバーンズの前で得意気に読みました。二人はこれから臨むポツダム会談のことを思うとしびれるような満足感に襲われるのでした。火の球を見た科学者たちは次のように語っています。

「突然、巨大な閃光が見えた。これは誰も見たことのない明るい光だ。それは、爆発し、襲いかかり、まさに人を押しのけて進んだ。そこにあったのは巨大な火の球で、それはずんずん大きくなりながら回転した。黄色い閃光を放って空中に上がり、そして深紅色になり、緑色に変わった」とラビ。「それは巨大なマグネシウムの炎のようだった」とベーテ。「赤い輝きが消えたとき、非常にはっきりした効果が現われた。球の表面全体が紫色の光に覆われた」とエドウィン。「いまや我々は全員、畜生どもだ」とベイブリッジ。「我々は爆風の通り過ぎるのを待った。待避壕から出てみるとあたりは非常に荘厳だった。

もう世界は以前と同じでないことを知った。笑う人もいれば、叫ぶ人もいた。たいていの人は沈黙していた」とオッペンハイマー。

原爆投下地のリスト

七月二二日、大統領はバーンズ、スチムソン、それにマーシャルやハップ・アーノルドら統合参謀本部の首脳たちと打ち合わせをしました。アーノルドはルメイ中佐をワシントンに呼びました。ルメイ中佐は一〇月一日まで日本の戦争機構をすっかり破壊できると断言しましたが、マーシャル参謀総長は「ドイツと同じように空軍力のみでは日本を屈服させることはできない」という悲観的な見方をしました。すでに八二日間の沖縄戦でアメリカ側に一万五〇〇〇人の戦死者と日本側の一般住民をふくめた一八万人以上の死者が出たからです。

マーシャルにとっては、できれば大きなショック、つまり原子爆弾のようなものが欲しかったのです。スチムソンから爆弾の成功を知らされ、かつ意見を求められたアイゼンハワーは、日本は崩壊寸前なばかりか、アメリカが恐ろしい兵器をつかう最初の国になるのを見たくないという理由で反対しました。しかし、トルーマンにとってポツダム宣言をいつ発表するかは、最初の原子爆弾をいつ落すかの問題でした。

スチムソンは、ジョージ・ハリソンに原爆投下地のリストについて質問し、「私が決定した特別な場所は常に排除するように。その決定は最高権威によって確認済みである」と念をおしました。スチムソンの言う「特別な場所」とは京都のことです。ハリソンは広島、小倉、新潟の選択順になっているると答えました。スチムソンは、ハリソンが出したいくつかの見積りを七月二四日の朝、トルーマンに報告しました。

トルーマンの回想録

「日本人がどうしても天皇の温存を降服の条件にしたいというなら、ひそかにそれを保証してやることを考慮してはどうか」とスチムソン。「そのことを心に留めて事をすすめよう」とトルーマン。次に二人は、どうやってスターリンに原子爆弾のことを最小限に伝えるべきか相談しました。トルーマンは、スターリンが戦時同盟国のアメリカが新兵器を開発したことを知った時に備えて、可能な限りいかなる情報も与えたくなかったのです。

しかし、スターリンは、原子爆弾の実験成功のことを合衆国内にいるスパイを通じて知っていたのです。本会議も終りにさしかかったころ、トルーマンは通訳をともない、スターリンのそばに歩みよりました。そして「われわれはなみなみならぬ破壊力の新兵器を手にしている」とさりげなく言いました。するとスターリンはなんら特別の興味をしめすことなく、「それを聞いて嬉しい。日本に対して上手につかうことを望む」と言っただけでした。スターリンの反応はどうあれ、トルーマンは言うだけのことは言ったのです。トルーマンは日記に次のように書きました。

この兵器は日本に対して今から八月一〇日までの間に使われるはずだ。私は陸軍長官スチムソン氏に軍事施設と兵士と水兵が目標だが、女子供は目標になることのないようにと言った。たとえジャップスが野蛮で無礼で無慈悲で狂信的であろうとも、我々は世界のリーダーとして、共通の幸福のために、この恐ろしい爆弾を古都や今の首都に落すことはできない。スチムソン氏と私は意見が一致している。目標は純粋に軍事的なものにし、ジャップスは命を大切にし降服するように警告文を出そう。彼らは降服しないだろうが、チャンスを与えたことになるだろう。この原子爆弾をヒトラーやスターリンの仲間が発明しなかったのは、世界にとってよいことだったのは確かだ。それは、これまでに発明されたなかで最もおそろしいもののようだが、最も有益なものにすることができる。

無条件降伏

ポツダム宣言の発表の前日、チャーチルは英国選挙の結果を見るためにロンドンに帰らなければならなかったので、トルーマンとスターリンは、チャーチルに参加してもらうために第九回会議をこの日の午前中にひらくことにしました。『トルーマン回顧録』によるとスターリンの背丈は一メートル六五センチほどで、写真を撮るとき、スターリンはトルーマンより背が高くなるように踏み台の上に立ちました。チャーチルも同じようにしたそうです。

七月二六日の夜九時二〇分、トルーマンはベルリン郊外ポツダムから米英中の共同宣言を発表しました。いわゆる最後通告を意味するポツダム宣言です。一三項からなるポツダム宣言は、第一項から第四項までその理由と背景、第五項から第一一項までは無条件降伏の内容、最後の第一三項は「いかなる代案もなく、いかなる譲歩もない」と述べられています。肝心の天皇と原子爆弾のことはいっさい触れられていませんでした。

七月二八日、東京放送は日本政府が戦争を継続する決意であることを放送しました。鈴木貫太郎首相は「三国共同声明を黙殺、戦争を完遂するのみ」と記者団に発表したのです。日本が投下の前日までに降服しないかぎり、原子爆弾は八月三日以降投下される予定で進んでいました。リトルボーイは七月三一日にはすべての準備が完了していました。第五〇九部隊長ポール・ティベッツ指揮下のB29のうち、補足完了した三機は、七月の最後の日、テニアンから出発して硫黄島の上空で一緒になってテニアンに戻り、リトルボーイの模型を海中に投下させる最後の練習を行いました。

ティベッツ隊長は、投下の際に雲の状態を査定する「フィンガー・クルー」として三機の乗組員を指定しました。さらにもう二機が写真撮影と観察のために同伴する。七機目は硫黄島の積荷ピットのそばで、ティベッツの飛行機の調子が悪い場合に備えて待機するのです。ティベッツ隊長は、同じ乗組員の原爆発射手ディーキ・パーソンズを紹介し、パーソンズは「この史上初の爆弾は四・五キロメートルの地域を完全に破壊するだろう」と語り、乗組員を唖然とさせました。ティベッツはパーソンズに代わって、「おそらく八月六日早朝が出撃になるだろう」と語り、この特務飛行については、家族、友人、恋人に話してはならず、仲間同士でもしゃべってはならないと注意しました。

2　運命の人鈴木貫太郎

『木戸幸一日記』

一九四五年四月二二日、ソ連軍によってベルリンは陥落しました。その月の二九日、ヒトラーは愛人エヴァ・ブラウンと官邸の地下壕で結婚式をあげ、翌日、エヴァ・ブラウンとともに自殺をしました。ヒトラーは一通の遺書を残しました。それには「開戦の責任はユダヤ人およびユダヤ人のために働く政治家にある」と書かれていました。ヒトラーは最後までユダヤ人に対する憎悪から逃れることができなかったのです。

五月七日、北フランス、ランスのアイゼンハワー司令部でドイツは無条件降伏の調印をしました。いっぽう五月四日に始まったアメリカ軍に対する日本軍の沖縄総反撃は完全に失敗し、日本側の死者は二四万人、うち正規軍六万六〇〇〇人、防衛隊二万八〇〇〇人、住民および戦闘協力者あわせて一五万人に達しました。

内大臣の木戸幸一は日記に「いま、真剣に考えなければならないのは、三種の神器の護持のことです。これを守らないと皇統二千六百有余年の象徴を失うことになります。結局、皇室も国体も護持し得ざることとなります。ことは緊急を要します」と天皇に進言したことを記しています。その六日後の昭和二〇年七月三一日、天皇は木戸の進言にたいして次のように答えています。

先日、内大臣の話した伊勢神宮のことは誠に重大なことと思い、種々考えていたが、伊勢と熱田の神器は結局自分が御移して御守りするのが一番よいと思う。しかしこれを何時御移しするかは人心に与うる影響をも考え、よほど慎重を要すると思う。自分の考えではたびたび御移しするのもいかがなものかと思う故、信州の方へ御移しすることの心組で考えてはどうかと思う。この辺、宮内大臣ととくと相談し、政府とも交渉してもらいたい。万一の場合は自分が御守りして運命を共にするほかはないと思う。

木戸幸一が書きのこした日記を通称『木戸幸一日記』と言います。この日記は木戸が内大臣秘書官となった一九三〇年から極東国際軍事裁判（東京裁判）の被告として巣鴨拘置所に収容された四六年までの記録です。敗戦までの記録は東京裁判の際に木戸本人の証拠書類として提出されました。木戸は明治の元勲木戸孝允《たかよし》の孫です。前内大臣牧野が大久保利通の次男であったように、昭和天皇は維新元勲の子弟を身近に登用しています。これら天皇の身辺に仕える人たちは、「宮中グループ」と呼ばれました。

それにしても驚くのは、「三種の神器が国体護持の象徴」であるという木戸の話です。木戸の進言に対して天皇は「万一の場合運命を共にする」と答えていることです。これでは壇ノ浦で源氏に追い詰められた平清盛の妻二位殿時子が三種の神器の一つ神璽《しんじ》を腋にかかえ安徳天皇を胸元に抱いて海に飛び込もうとする『平家物語』の世界を想像させます。

鈴木貫太郎内閣

アメリカ大統領トルーマンは七月二六日の午後九時二〇分にポツダム宣言を発表しました。日本時間は翌二七日午前四時二〇分です。日本の外務省は二七日朝七時から九時の間に、このニュースをキャッチしました。木戸が天皇に「国体＝三種の神器の護持」の話をしたのは一九四五年七月二六日ですから、その時点では天皇と木戸はポツダム宣言のニュースを知ってはいません。しかし三一日には天皇と内大臣木戸の耳に入っているはずですが、木戸の日記にはそれらしいことは何も記されていません。

これからお話しすることは、万世一系天皇の話ではありません。このことは次の項でとりあげることにします。当時、内閣総理大臣であった鈴木貫太郎がポツダム宣言にどのように対処したかお話ししようと思います。詳細は仲晃の『黙殺』（ＮＨＫブックス、二〇〇〇年）が参考になります。

鈴木貫太郎内閣は戦艦大和が撃沈された同じ日の一九四五年（昭和二〇年）四月七日に成立しました。鈴木内閣は、米軍の沖縄上陸をゆるし、中国国民党政府との和解工作に失敗した責任をとって総辞職した小磯内閣を引き継いだのです。外務大臣は重光葵《まもる》から東郷茂徳に、陸軍大臣は杉山元《はじめ》から阿南惟幾《これちか》（一八八七～一九四五年、自決）に代わりましたが、海軍は米内光政（一八八〇～一九四八年）が留任しました。しかし、阿南惟幾は八月一五日の天皇玉音放送の日に自決し、杉山元陸軍大将（一八八〇～一九四五年）は九月一二日に自決しています。

杉山元陸軍大将は明治人らしい軍人でした。昭和天皇との次のようなやりとりは、彼の性格をあらわすエピソードとして語られています。対米戦争の成算を問われて極めて楽観的な回答をした杉山に対して、天皇は「汝は支那事変勃発当時の陸相であるが、あのときの事変は一ヵ月ほどで片付くと申したのに今になっても終ってないのではないか」と問いつめました。「支那は奥地が広うございますので……」と杉山。「支那の奥地が広いというなら太平洋はなお広いではないか」と天皇。

この杉山元陸軍大将も、敗戦の責任を痛感した「御詫言上書」と題する遺書をのこして自決しました。その文曰く「遂に聖戦の目的を達し得ずして戦争の終結の止むなきに至り、数百万の将兵を損し、巨億の国幣を費やし、家を焼き、家財を失う、皇国開闢以来未だ嘗て見ざる難局にさいし……。その罪万死に値するも及ばす。昭和二〇年八月一五日　認む　恐惶謹言」というものでした。この遺書は杉山元大将が自決した翌日の九月一三日天皇に届けられたということです。

波瀾万丈の人生

七九歳で首相になった鈴木貫太郎はまさに語るに足る人物でした。正岡子規や漱石と同じ慶応三年生れの鈴木貫太郎は運がよいのか悪いのか、結局は運がよかったのだと思います。いずれにしても波瀾万丈の人生と言ってよいでしょう。二・二六事件ではまさに九死に一生を得ました。二・二六事件とは、一九三六年（昭和一一）二月二六日の未明の午前五時過ぎに起きた青年将校らによるクーデタ事件のことです。野中四郎・安藤輝三ら若手の陸軍将校二〇人に率いられた歩兵第一・第三連隊、近衛歩兵第三連隊の兵一三七六人が首相官邸や大臣、天皇の重臣・側近の自宅や官舎を襲ったのです。

この襲撃で斎藤実内大臣、高橋是清蔵相、渡辺錠太郎教育総監、岡田啓介首相の秘書の四人と警備の警官九人が殺害されました。天皇側近の鈴木貫太郎侍従長は重傷、前内大臣の牧野伸顕は間一髪で裏山に逃れました。クーデタ冒頭に襲われた総理官邸の岡田啓介首相は秘書の松尾伝蔵が間違って射殺され命拾いしました。鈴木貫太郎は押し入れに隠れていたところを発見され、寝巻き姿のまま居間に引きずり出されました。

鈴木侍従長は「話せばわかる」と言いましたが、興奮した曹長二人が至近距離から狙い撃ちしました。弾は侍従長のこめかみと腹部に命中しました。指揮官の安藤輝三中尉は近くの侍従長夫人に決起理由をのべてから、まだ鈴木侍従長の脈のあるのを知って軍刀でとどめをさそうとしました。その時、夫人は「それだけは止めてください」と懇願したので、安藤中尉は思いとどまったのです。その後、鈴木貫太郎の容体は奇跡的に回復したのです。それだけに昭和天皇は鈴木貫太郎を尊敬しかつ重用しました。

最高戦争指導会議

さて、話をポツダム宣言のニュースが飛び込んだ七月二七日の鈴木内閣の動揺と混乱の場面に移します。東郷茂徳《しげのり》外務大臣にニュースを知らせたのは松木外務次官でした。東郷外相は、午前一一時全訳されたポツダム宣言を皇居の天皇に渡したあと、最高戦争指導構成員会議、通称、最高戦争指導会議に出席しました。この「最高戦争指導会議」は首相、外相、陸相、海相、陸軍参謀総長、海軍軍令部総長の六人によって構成されています。いってみれば、太平洋戦争終盤の日本における最高決定機関です。

当時、陸軍参謀総長は梅津美治郎（一八八二～一九四九年、服役中病死）、海軍軍令部総長は豊田《とよだ》副武《そえむ》（一八八五～一九五七年）でした。梅津が豊田より三歳年長ですが、同じ大分県出身です。余計なことですが軍人の身分・階級と職務の名称は異なります。梅津の最終階級は陸軍大将ですが、指揮いわゆる職務は陸軍参謀総長です。同じように海軍大将豊田は、軍令部総長という海軍の最高指揮権を掌握していました。

東郷外相は六者会議の席上、「ポツダム宣言を拒否すれば大変なことになる。したがって、すぐに意思表示をせず、ソ連との交渉の結果をみて対応する」ことを主張しました。しかし、東郷外相のこの考えには、統帥部《とうすいぶ》を掌握する豊田軍令部総長と梅津美治郎陸軍参謀総長から強い反対意見が出ました。とくに豊田は「この宣言は不都合なものであるという大号令を発するべきである」と要求しました。

統帥権とは

統帥権は天皇の大権のひとつとして、軍隊の最高指揮権を言います。統帥部は陸軍や海軍への統帥の機能をもつ天皇に直結する権力機構です。陸海軍の組織と編成、勤務規則、人事・職務の決定、出兵と撤兵、戦略の決定、軍事作戦の立案や指揮命令など一手に引き受けます。統帥権のうち軍事作戦は陸軍参謀総長と海軍軍令総部長が輔弼《ほひつ》し、天皇の認可を得ます。つまり、天皇の認可→了解→黙認があればなんでもできることになります。そして政府がそれを抑えようとするとき、いわゆる統帥権侵犯という問題が発生します。

二・二六事件がそのよい例です。天皇統帥権の名のもとに膨れ上がった軍部首脳と天皇側近（宮中グループ）との癒着と馴れ合い構造に、青年将校らが無神経でありうるはずがなかったのです。世界史的状況を背景にした大正デモクラシーと万世一系天皇の天皇統帥権という日本固有のイデオロギーは、青年将校らを狂気と錯乱に駆り立てたのはなんら不思議ではありません。統帥部から政府・議会を飛び越え天皇に直結するシステムは、必然的に軍部による暴走と事件を引き起こしました。言ってみれば天皇の名を語れば問答無用なのです。

黙殺か戦争継続か

二・二六事件で「話せばわかる」と言って、至近距離から銃弾二発を撃ち込まれた鈴木首相は「話してもわからない」ことは、肝に銘じて知っていたのでしょう。一九四五年七月二八日午後四時からの内閣記者会見で、鈴木首相の「ポツダム宣言を黙殺する」という発言が翌日の新聞に報道されました。のち「黙殺」がさまざまな意味に解釈され、鈴木首相の責任が激しく追及されますが、いずれにしてもアメリカの原爆投下もソ連の対日参戦も、その時点ではすでに決定済みでした。のち鈴木貫太郎は『終戦の表情』という回想録に次のように書いています。

一億玉砕を呼号している軍部ではこれらの（ポツダム）宣言は問題にする価値もないものとして、本土邀撃の準備を着々とすすめることを提案した。その結果、この宣言に対しては、意思表示しないことに決定し、新聞紙も帝国政府も該《がい》宣言を黙殺すると報道したのであるが、国内の輿論と、軍部の強硬派は、むしろかかる宣言に対しては、逆に徹底的な反発を加え、戦意昂揚に資すべきであることを予に迫り、何らかの公式声明をなさずして時代を推移させることは、徒《いたずら》に国民の疑惑を招くものであると極論するものさえ出てくる有様であった。そこで余は心ならずも七月二八日の内閣記者団との会見において「この宣言は重視する要なきものと思う」との意味を答弁したのである。

一九四五年八月六日午前八時一五分、Ｂ29エノラ・ゲイ号は広島に原子爆弾リトルボーイを投下しました。そして二日後の八日、ソ連政府はモスクワの佐藤大使に対日宣戦布告文を手交しました。日本政府は九日のモスクワ放送で宣戦布告を知りました。ソ連はヤルタ会談におけるスターリンとルーズベルトとの約束（密約）を実行に移しました。

さらに、九日の午前一一時二分、Ｂ29が二機、長崎市の上空に現われました。この二機の主要目標は小倉市でしたが、天候不順と煤煙のため市の上空を五〇分ほど旋回したのち次の目標地長崎に飛んだのです。その一機から原子爆弾ファット・マンが投下されました。ガン方式を採用したウラン爆弾は、実験の段階では「シンマン」（痩せた人）と呼ばれましたが、後に「リトルボーイ」と呼ばれました。長崎に投下されたファット・マンはインプローション（圧縮）方式を採用したプルトニウム爆弾でした。

御前会議

八月九日、最高戦争指導会議が召集されました。「国体護持」を条件にただちにポツダム宣言を受諾するという鈴木貫太郎首相、東郷外相、米内光政海相らと、国体護持プラス日本側の手による「武装解除」「戦争犯罪人の処罰」「保障占領は行使しない」という四条件付きを受諾条件とする阿南陸相、梅津参謀総長、豊田軍令部総長らが激しく対立しました。八月九日の深夜から翌一〇日にかけて御前会議が開かれました。会議終了後、天皇は次のように語ったと、木戸は日記（『木戸日記』）に記しています。

本土決戦本土決戦と云ふけれど、一番大事な九十九里浜の防備も出来ておらず又決戦師団の武装すら不十分にて、之が充実は九月中旬以後となると云ふ。飛行機の増産も思ふように行っていない。いつも計画と実行が伴はない。之でどうして戦争に勝つことができるか。勿論、忠勇なる軍隊の武装解除や戦争責任者の処罰等、其等の者は忠誠を尽くした人々で、それを思ふと実に忍び難いものがある。しかし、今日は忍び難きを忍ばねばならぬ時と思ふ。

一九四五年八月一〇日、日本はスイス政府を通じて、米国務長官バーンズに降服を申し出ました。

スイス政府からバーンズへの書簡は、「日本は一九四五年六月三〇日、七月一一日に中立国のソ連に和平仲介を依頼したが、それは失敗した。天皇が、戦争継続によって、世界平和が遠のき、人類がこれ以上惨禍を被ることを憂慮し、平和のために、すみやかに終戦したい希望がある」という内容でした。これに対してアメリカ政府は回答を国務長官バーンズ名で発しました。その内容は、「降服の時より天皇および日本国政府の国家統治の権限は降服条項の実施のため、その必要と認むる措置をとる連合国軍最高司令官に従属するものとする」「日本の最終的な政治形態はポツダム宣言に従い、日本の国民の自由に表明する意思により決定されるべきである」という内容でした。この回答は「天皇および日本国政府が、連合国軍最高司令官に従属する」ということからも、日本の国民が望むならば天皇制の存続もありうることを暗に認めるものでした。

しかし、この「国民の自由に表明する意思による」という回答では「国体護持」についての確信がもてないとする受諾慎重論が台頭し、一三日の最高戦争指導会議とそれに続く閣議ではふたたび紛糾しました。こんななか木戸内大臣は一四日の朝、連合国の回答を盛ったビラが敵機に撒かれていることを知りました。木戸は八時半に天皇に会って事態を報告しました。一〇時半最高戦争指導会議が召集されました。そこで天皇は鈴木首相に促され、宣言受諾の意思を表明したのです。

「玉音放送」

一九四五年八月一五日正午、天皇によるポツダム宣言受諾の詔書が放送されました。いわゆる「玉音放送」と呼ばれています。この放送がされる直前まで、大本営近衛第一師団の将校らが終戦阻止のため森師団長を殺害し、録音盤奪取を試みましたが失敗しました。阿南陸相は反乱未遂の報に接し、「死をもって大罪を謝し奉る」と遺書を残し、午前五時三〇分割腹しました。この日、鈴木貫太郎内閣は総辞職しました。

マッカーサーはのちに自ら執筆した『マッカーサー大戦回顧録』に、一九四六年（昭和二一）五月に首相になった吉田茂からの書簡とその書簡に同封された英訳の鈴木貫太郎の記事を引用しています。

> 親愛なる将軍　けさ、私は、八月一五日付毎日新聞の第二ページに降服時の首相鈴木男爵が日本の降服について書いておられるのを目にとめました。この話の最後の部分に述べていることは、私もまったくの同感であります。その重大な決定を下した時の鈴木氏の気持は、陛下のご懸念やお気持に通じるものであるばかりでなく、日本全国の市井の、表現こそつたないが、正しい考え方をする大多数の人々の態度や気持と軌を一にするものであると確信します。掲載された記事は鈴木提督がご自身で署名しているもので、ここに私のいう部分の英訳を同封します。敬具　吉田茂
>
> 降服を受けるときの気持は、私としてはしごく平静であった。周囲の人々はいろいろな心配し、国体護持の点につき連合軍側に保証の言質を得るような交渉すべしと主張した。しかし、それは本質的に無理であって、私はあえてその労をとることは避けた。というのは、こちらは敗れたのである。敗れた以上は男

らしくすべてを相手に任せる以外になく、これは古来からの慣わしである。

しかし、私は次の一点につき、絶大なる信念をもっていた。それは敵将を信頼するということである。武士道は日本の独占物ではない、世界の普遍的な道義である。いったん軍門に降った以上は、これを味方として保護することは正しい武人の行動である。私はマッカーサー将軍の個性は知らなかったが、私も武人の一人としてこの心理を堅く信じていた。

従って当時、種々と不安感にもとづく噂が飛んだが、私はいささかも心配しなかった。陛下の当時のご心中も全く私と同じであらせられた。陛下は人も知るように決して人を疑うというお気持がない。敵を信頼し、すべてを開放せよとさえ仰せられたほどである。また、陛下に拝謁したのは、私が追放令に該当し枢府議長の席を退いた六月中旬であったが、陛下はマッカーサー司令官の占領政策は公明正大で、いまの進行状態はきわめて満足であると仰せられていた。

いまとなって敵将を信ずるという私の信念は全く正しかったことを知り、連合国の占領政策および展開されつつある日本の民主主義の過程を見つめつつ、この片田舎に身をひいてはいるが、終戦の際に操舵したことは決して日本を不幸にしたものではないということを事実として知り、私は非常にうれしく思っている。　鈴木貫太郎

鈴木貫太郎は一九四八年四月一七日、八一歳で亡くなりました。遺体は野田市の実相寺に葬られましたが、遺灰の中に二・二六事件で受けた弾丸が混じっていたということです。吉田茂が英訳した鈴

木貫太郎の記事を自分の書簡に同封してマッカーサーに送ったのは、当時の連合国軍最高司令官に対する吉田茂のしたたかな計算があったにしても、その外交能力は誉めなければならないでしょう。また、それとは別に鈴木貫太郎の明治人の心構えに心うたれないと言えば嘘になります。

3　連合国軍最高司令官ダグラス・マッカーサーと昭和天皇

GHQ

日本国憲法がフィリピン憲法に似ていることはあまり知られていません。理由はマッカーサーの前歴と関係しますのでのちに説明します。このことを指摘した人は江橋崇という憲法学者です。氏の『「官」の憲法と「民」の憲法』という本は、憲法改正国民投票に関する自由な研究姿勢においてとても示唆的かつ刺激的です。今回はこの本に沿って、連合国軍最高司令官マッカーサーとGHQがどのようにして日本国憲法成立にかかわったのか話そうと思います。

しかし憲法改正や改正手続きのことをテーマにしているのではないことを前もってお断りしておかなければなりません。私の念頭にあるのは日本国憲法第一条「天皇は、日本国民統合の象徴であって、この地位は、主権の存する日本国民の総意に基く」という条文です。日本国憲法の前文で、主権が国民に存することを宣言し、かつその権威は国民に由来することを人類普遍の真理としながら、何故、国民が天皇を象徴としなければならないのか、その根拠と背景を知りたいのです。次章の「万世一系天皇と津田左右吉」との関連から考えてみたいと思います。

マッカーサーが総司令官となったGHQは、通称、進駐軍と呼ばれましたが、「General Head Quarters＝総司令部」の略称です。日本では「ジー・エイチ・キュー」と呼ばれました。GHQはイギリス、アメリカ、中華民国、ソビエト連邦、カナダなど連合国の軍隊から派遣された約四三万人の兵士を統括しました。総司令部は皇居前の第一生命ビルに置かれました。

「降服の時より……」

マッカーサーの連合国軍最高司令官の権限は、ポツダム宣言を受諾する旨の日本の回答にたいして、アメリカ大統領トルーマンが連合国を代表して日本政府に送った一九四五年八月一一日の次のような回答によるものです。「降服の時より、天皇および日本政府の国家統治の権限は連合国軍最高司令官に従属し、同司令官は降服条項の実施のため必要と認める措置をとる。また、天皇は全ての日本の陸、海、空軍の当局および地域のいかんを問わず，その指揮下にある一切の軍隊にたいし、戦闘行為を停止して武器を引渡すよう命令し、そのほかの降服条項実施のため最高司令官が要求する命令を発しなければならない」

トルーマン大統領は同時にまた、マッカーサー将軍にたいしても次のような指令を送りました。「降服の瞬間より，天皇と日本政府の国家統治権は貴下に属し、貴下は降服条件の実施に貴下が必要と認める措置をとる。貴下は日本における降服条件実施のため関係連合国が割当てるすべての陸、海、空軍の最高司令官となる。われわれと日本の関係は、契約によるものではなく、無条件降伏によるものである以上、貴下のその権力の幅について日本側が疑義をはさむことは許されない」

日本政府が連合国への回答を検討している間に、トルーマン大統領は八月一二日、戦略空軍に活動停止を命じました。しかし、マッカーサーは指揮下の極東空軍による日本水域にある連合艦隊の爆撃の手をゆるめませんでした。八月一三日になっても日本側から何の回答もなかったので、戦略空軍はその日のうちにハルゼー提督指揮下の第三艦隊の空母積載機一〇〇〇機が、東京に最後の空襲を行いました。

マッカーサー到着

八月三〇日午後二時五分、連合国軍最高司令官マッカーサー元帥は専用機バターン号でマニラから厚木飛行場に到着しました。そして九月二日、東京湾上の戦艦ミズーリ号で日本側の重光葵《まもる》外相、梅津美治郎参謀総長の二人は降服文書に調印しました。ミズーリ号での降服調印式が終ると、マッカーサーは日本の旧憲法（明治憲法）の大幅な改正にとりかかることにしました。新しい日本を建設するためにはまず民主的な政府をつくることが不可欠だからです。そのためには日本人の人権についての明確な法規をつくらなければならないとマッカーサーは考えたのです。

強制的かつ独裁的改革を行うことがいかなる結果をもたらすかマッカーサーは軍人として十分知っていました。被征服国の軍事占領が成功したためしがないからです。かつてマッカーサーは第一次世界大戦で「レインボー」師団を率いてドイツのライン川西岸を軍事占領しました。民間人の支配が軍の支配に代わると、独裁的で専横な権力がのさばり、国民の精神的、道義的風潮が低下するばかりでなく、占領軍自体も次第に堕落することをマッカーサーは自ら体験したのです。マッカーサーは『回顧録』で次のように語っています。

軍事占領というものは、長く続き過ぎたり最初から慎重に警戒することを怠ったりすると、どうしても一方は奴隷になり、他方は主人公の役を演じはじめる。軍事占領はほとんどの場合、新しい戦争の種をまく結果となることを歴史は教えている。私がかつて研究したアレキサンダーやシーザーやナポレオンの生涯をみても、いずれも偉大な軍人ではあったが、占領軍の指揮者となった時かならず誤りを犯している。

マッカーサーのこのような書き方からみても、自らをシーザーやナポレオンに比して日本の改革と統治になみなみならぬ意気込みと決意をいだいていたことがわかります。九月二七日、天皇裕仁は東京赤坂のアメリカ大使館を宿舎としていた連合国軍最高司令官マッカーサーを訪問しました。マッカーサーと天皇は朝一〇時一五分から三五分間ほど通訳を通して会談しました。

翌々日、二人が並んで撮った写真が朝日・毎日・読売の各紙に掲載されました。朝日新聞の見出しは「天皇陛下、マツクアーサー元帥御訪問」でした。ところが、写真を掲載した新聞を内閣情報局が発売禁止にしたのです。これに対してＧＨＱは、「日本政府の新聞検閲の権限はすでにない」と処分の解除を命じ、同時に、戦時中の新聞や言論に対する制限を即時撤廃しました。

近衛文麿自殺

一〇月四日、ＧＨＱはさらに天皇に関する自由討議、思想警察の全廃、政治犯の釈放など政治的・民事的・宗教的自由に関する制限撤廃の覚書を発表しました。ちょうどその日、東久邇内閣の無任所大臣であった近衛文麿は、ＧＨＱの意向を探るためマッカーサーを訪問しました。この時同席したアメリカ側の高官は、サザーランド参謀長とダグラス・マッカーサーの政治顧問であるスチーブ・アチソンでした。

「日本の政府についてご意見、ご指示があれば受けたまわりたい」という近衛の発言に対して、マッカーサーは「早急に憲法改正の必要がある」とその基本方針を指示しました。四日後の一〇月八日、近衛はＧＨＱ政治顧問のアチソンを訪ね、マッカーサーから指示された憲法改正について意見を求めたところ、アチソンは七項目にわたる改正原則を示しました。東久邇内閣はすでに一〇月五日に総辞職していましたので、近衛の立場は私人でしたが、一〇月九日に成立した幣原内閣で、近衛は内大臣御用係りとして、佐々木惣一と一緒に憲法改正問題に取り組むことになったのです。

明治一一年生まれの佐々木惣一は当時六七歳でした。佐々木は京都帝国大学教授を務めた民本主義と立憲主義に立った憲法学者として知られていました。明治憲法に沿って憲法改正手続きを主張し、戦後は和辻哲郎と国体論争をしています。滝川事件（昭和八年）では大学の自治を訴え、宮本英夫法学部部長とともに大学を辞職しています。かつて近衛文麿がマルクス学者の河上肇を慕って東京帝国大学から京都大学法学部に転校したこともあって、佐々木惣一は近衛の恩師でした。

しかし、国内外の新聞による近衛文麿に対する戦争責任追及が激しくなりました。ニューヨークタイムズは「近衛が憲法改正に携わることは不適当である。近衛が戦争犯罪者として裁かれてもおかしくない」と論評し、ワシントンポストにいたっては「公爵近衛はありとあらゆるうちの最悪の男だ」と酷評しました。一一月一日ＧＨＱは「憲法改正のことは、東久邇内閣が内大臣（副首相）としての近衛に依頼したことで、内閣総辞職によって解消されたものであるからＧＨＱは関知しない」という声明を発表しました。

近衛と佐々木惣一は憲法改正の共同作業者でしたが、両者の意見の調整がとれなかったことから、近衛は一一月二二日、「帝国憲法の改正に関し考査したるＧＨＱ結果の要綱」を天皇に提出し、佐々木惣一も独自に同月二四日「帝国憲法改正の必要」を天皇に提出しました。しかし、一二月六日、Ａ級戦犯として極東軍事裁判で裁かれることを知らされた近衛は、巣鴨拘置所に出頭を命じられた最終期限日の一九四五年一二月一六日、杉並の自宅荻外荘《てきがいそう》で青酸カリを服毒して自殺しました。

日本側の憲法改正案

近衛文麿が自殺する前の一二月のはじめ、憲法研究会によって起草された「憲法草案」が、憲法研究会のメンバー一二四人に送られました。この研究会の主要メンバーは元京都帝国大学教授の高野岩三郎、憲法学者の森戸辰男、杉森孝次郎、岩淵辰雄、安藤昌益の研究者として知られているカナダ外務省から派遣されたＥ・ハーバート・ノーマンと知遇のあった鈴木安蔵らによって構成されていました。

彼らが作った全五八条からなる憲法改正案は、一二月二六日、首相官邸で秘書官に手交され、ＧＨＱには英訳の冊子が渡されました。二日後の一二月二八日、新聞各紙は一斉に憲法研究会の案を発表しました。

いっぽう、明治憲法改正の仕事は一九四五年一〇月二五日、幣原首相が任命した委員会によって開始されました。幣原喜重郎内閣は皇族出身の東久邇宮《ひがしくにのみや》内閣の総辞職をうけて一〇月九日に成立したばかりでした。東久邇宮稔彦王《ひがしくにのみやなるひこおう》を総理とする内閣はポツダム宣言を受諾した鈴木貫太郎内閣のあとを受けたいわば終戦処理内閣と言えます。

幣原内閣では国務大臣松本烝治が憲法問題調査委員会代表を兼務しました。松本烝治は一九三五年（昭和一〇）に起きた天皇機関説事件当時、斎藤実内閣で商工大臣を務めています。その時の文部大臣は鳩山一郎でした。松本烝治は自分の出身校東京帝国大学法学部に宮沢俊義ら有力な後輩をブレーンにもっていました。宮沢俊義は昭和二一年二月に南原繁総長の発案でつくった東京帝国大学の関係学部の教授からなる憲法問題研究会の委員長になっています。このころの事情については、『聞き書南原繁回顧録』や立花隆の『天皇と東大』が参考になります。

憲法問題調査委員会が設置された前後から、天皇の戦争責任および天皇制を批判する論調がＧＨＱの支持を得て高まりました。とくに在日朝鮮人は強制連行の問題をふくめて、社会的にも政治的にも在日朝鮮人の権利獲得のための運動をさかんに展開するようになりました。一〇月一五日、在日朝鮮人連盟全国大会も開催されました。

幣原内閣はこのような在日朝鮮人の活動にたいして、二つの排除策を進めました。一つは一二月一七日の衆議院選挙法改正において婦人参政権を実現させながら、戦前にはあった在日朝鮮人の選挙権ならびに被選挙権を「当分の間停止」としたのです。もう一つは、国民投票という制度は、憲法改正手続きにおいても、またそのほかのいかなる場合でも原理的に否定されるべきであるとしたのです。これは明らかに在日朝鮮人の政治参加を閉ざすものでした。ちなみに終戦直後には約二〇〇万人の在日朝鮮人が、本国への帰国によって五五万人に激減しました。

ホイットニーとマッカーサー

いっぽう、GHQ民生局のマイロ・ラウエル中佐は、以前から日本の憲法問題を研究していました。GHQとしても日本側の案に対して独自な改正案をつくっておかなければならないからです。ラウエル中佐は一九四五年一二月六日の憲法研究会高野岩三郎らの改正案を高く評価したコメントをGHQに提出しています。以後、日本国憲法はラウエル・レポートに基づいて作成されていきます。GHQの憲法草案制定会議の責任者は、GHQ民生局局長のコートニー・ホイットニーでした。マッカーサー最高司令官→ホイットニー民生局長→運営委員会（ケーディス大佐、ラウエル中佐）→小委員会（立法権ほか）の構図です。

一九四〇年までマニラで弁護士事務所を開いていたホイットニーは日本軍によるフィリピン全土の掌握にたいしてマッカーサー指揮下で対日ゲリラ活動を指揮しました。ホイットニーはマッカーサーより一八歳年下でしたが、マッカーサーの無二の親友であり、有能な相談相手でした。マッカーサーと一緒に厚木飛行場に降りたホイットニーは、一時、フィリピンに戻っていました。マッカーサーがマニラから呼びよせたのでしょう。ホイットニーは一二月一五日ふたたび来日して、GHQ民生局（GS）局長に就任したのです。

一九四六年（昭和二一）二月三日、マッカーサーはホイットニーと二人だけの集中討議の上、いわゆる「マッカーサー三原則」という基本原則をまとめました。いうなれば、連合国軍最高指令官マッカーサーの憲法改正の最終結論です。第一は天皇制の問題です。「天皇は国の元首の地位は与えられるが、憲法にしたがって行使され、国民の基本的意思に応えること」、第二は「戦争放棄」、第三は「日本の民主化」の三つでした。

GHQ憲法草案

その日のうち、ホイットニーは運営員会のケーディス中佐、ラウエル中佐らを第一生命ビルに呼び、「二月一三日の木曜日に予定されている日本政府との会見までに間に合うように民生局が憲法草案を書くようにマッカーサーが命じた」と告げました。というのは、二月二六日に極東委員会が開かれることになっていたので、マッカーサーは先手をうつことができるし、四月に予定されている第二二回衆議院総選挙に間に合わせることができるからです。

一九四六年二月一三日、ホイットニーはケーディス、ラウエル、ハッシーをともなって、マッカーサーの了解をとったGHQ憲法草案を麻布の外務大臣官邸において吉田茂外相と憲法担当国務大臣の松本烝治に手渡しました。同時にホイットニーは、松本烝治から提出されていた憲法改正要綱（松本案）は、「自由と民主主義の文書として、最高司令官が受け入れることがまったく不可能」という申し入れを行いました。

松本烝治の回想録によれば、松本は英文草案の「シンボル」という言葉に衝撃を受けたばかりか、ホイットニーに「もしこのGHQ草案を受け入れなければ天皇の身柄を保障することはできない」と言われ、ただ茫然自失とせざるを得ませんでした。さっそく日本政府は「マッカーサー草案」にもづいて検討し直しの作業にとりかかり、三月二日、「日本側草案」を作成しました。そして「三月二日案」を総司令部と折衝の上、三月六日「憲法改正草案」を政府案として国民に発表したのです。

「シンボル＝象徴」の意味

ところで松本烝治が衝撃を受けた「マッカーサー草案」の中の「シンボル」、つまり日本国憲法第一条の「象徴」という言葉は、いったい誰によってどのような経過を経てマッカーサーに伝えられたのでしょうか。この疑問をわかりやすく解いた一冊の本があります。中村政則氏の『象徴天皇制の道』（岩波新書、一九八九年）です。この本は、一九三二年から日米開戦直後まで駐日米国大使を務めた知日派として知られているジョセフ・クラーク・グルー（一八八〇～一九六五年）の日記・書簡・回顧録『滞日十年』などから、グルーとマッカーサーの接点に光をあてています。

中村氏はマッカーサーとグルーの接点を次のように分析しています。フィリピン大統領ケソンの訪米に同行したマッカーサー一行は、その途中日本に立ち寄りました。その時、グルーはケソン大統領とマッカーサーを出迎え、米国大使館で非公式の晩餐会を開き、翌日、グルーはケソン大統領を天皇に紹介しています。グルーはその日の日記に「私は天皇がこんなにも角がとれて気楽そうだったのをめったに見たことがない」と書いています。これらの話は当然、グルーからマッカーサーに伝えられたであろうと中村氏は推測しています。中村氏はグルー↓ボナー・フェラーズ↓マッカーサーの経路で「象徴」という言葉が使われたと考えています。

ＳＷＮＣＣ（国務・陸軍・海軍）指令下の天皇の戦争責任を訴追すべきかどうかを検討する委員会メンバーの一人、ボナー・フェラーズ准将は、太平洋戦争中、マッカーサー元帥の軍事秘書官兼対日心理作戦部長を務めた日本通の軍人でした。しかも、彼は一九四五年九月二七日の第一回天皇・マッカーサー会見の際、米国大使館の玄関口まで天皇裕仁を出迎えた人物です。そのフェラーズが、一九四五年一〇月二日にマッカーサーに次のような文書を提出しています。

> 天皇にたいする日本国民の態度は該して理解されていません。キリスト教徒とは異なり、日本国民は魂を通わせる神をもっていない。彼らの天皇は、祖先の美徳を伝える民族の生ける象徴である。天皇は過ちも不正も侵すはずのない国家精神の化身である。天皇にたいする忠誠は絶対的なものである。（中略）もしも天皇が戦争犯罪の廉により裁判に付されるならば、統治機構は崩壊し、全国的反乱が避けられな

いであろう。国民は、他のいかなる屈辱にも非を鳴らすこともなく堪えるであろうが。彼らが武装解除されるにせよ、混乱と流血が起こるであろう。何万人もの民事行政官とともに大規模な派遣軍を必要とするであろう。占領期間は延長され、そうなれば、日本国民を遠ざけてしまうことになるだろう。

一九四五年一二月二七日、極東委員会設置の合意のもと、同委員会による日本の憲法問題介入への可能性が一段と高まっていました。しかし、先述したようにマッカーサーは、極力、自らの主導権で憲法草案の作成を望んでいたのです。そのような状況の中の一九四六年一月二二日、マッカーサーあてに「ロンドンの戦争犯罪委員会でオーストラリア代表が天皇ヒロヒトほか六一名の戦争指導者を主要戦争犯罪人として告発する準備（戦犯リストの作成）に入った」という書簡が届きました。その翌々日の一月二五日、マッカーサーは米参謀総長アイゼンハワーに次のような機密電報を打ちました。中村政則著の『象徴天皇の道』からそのまま引用します。

もしも天皇を裁判に付そうというのであれば、占領計画に大きな変更をくわえなければならず、したがって実際に裁判を開始するに先立って、しかるべき準備をしておくべきである。天皇を告発するならば、日本国民のあいだに必ずや大騒乱を引き起し、その影響はどれほど過大視しても、しすぎることはなかろう。天皇は日本国民統合の象徴であり、天皇を排除するならば、日本は瓦解するであろう。

フィリピン憲法に似ているわけ

さてこの項の冒頭に述べました「日本憲法はフィリピン憲法に似ている」ということについては、『「官」の憲法と「民」の憲法』の著者江橋崇氏に登場してもらいます。ホイットニーはマッカーサーの側近中の側近として知られた存在でした。江橋氏によれば、九月二日の戦艦ミズーリ号での降服式典におけるマッカーサー演説の原稿もホイットニーが書いています。

アメリカは、フィリピンの独立運動を認めて植民地から独立国家とすることを定めた一九三五年憲法を制定しました。しかし、この憲法は日本の侵略によって破棄されましたが一九四五年に復活しました。ホイットニーは、一時、フィリピンに戻ったのはこの移行過程の指揮をとるためでした。ホイットニーはその後まもなく日本に移り、民生局長としてフィリピンの仕事も兼務したのです。江橋氏は一九四六年二月一一日の夜、ＧＨＱのマッカーサー執務室で、マッカーサーとホイットニーの間で次のような会話がなされたのではないかと、大胆に想像しています。文意を損ねないように要約した形で引用します。

「閣下、ようやく憲法改正案の作業が終わりました。ご承認をいただきたいと思います」とホイットニー。「私が言いたいことは一ヵ所だけだ。この人権条項の改正に関する国民表決という制度だ。君のせっかくの裁定だが認められない」とマッカーサー。「わかりました。削除します。ただ、そうしますと、憲法改正が両院の三分の二の賛成によって可能になり、わが軍が撤退したら日本の保守派があっという間にもとの憲法に戻してしまうのではないでしょうか。心配です」とホイットニー。「何か君に考えはあるのか」とマッカーサー。

「国民表決の制度をむしろ広げて、あらゆる改正の場合に過半数の賛成を要求するというのはどうでしょうか。この制度は、諸国の憲法改正の手続きではごく例外的にしか認められていませんし、私もよく知りません」「ですが、閣下もご承知のように一九三五年のフィリピン憲法にあります。このフィリピン憲法の国民表決制度に似せて、憲法のどの部分にも国民表決による直接の支持が必要だという制度にすれば、日本の保守派の逆襲を阻止することができます。もともと、フィリピン憲法は、ワシントンの連邦議会を通過したアメリカの法律ですから、ワシントンから文句がくるとは思えません」とホイットニー。

「なるほど、連邦議会の権威で国務省に対抗するというのは面白い考えだ。この問題は君にまかす。いま言ったような内容でまとめてもらいたい」とマッカーサー。「日本がフィリピンの例にならったと知ったら、閣下の友人の極東委員会のコンフェソール氏にも喜んでもらえると思います。それでは、この点を直すということで、残りは承認いただけますか」とホイットニー。「承認する」とマッカーサー。

「極東委員会」

引用文中の「極東委員会」は、第二次世界大戦に勝利した対日占領政策の最高決定機関です。一九四五年一二月一六日にモスクワで開かれた米・英・ソの三国外相会議で、対日理事会とともに設置が決定されました。本部はワシントンに置かれ、米・英・ソ・中のほか、フランス・オランダ・カナダ・オーストラリア・ニュージーランド・インド・フィリピンから構成されました。のちにビルマ・パキタンが参加しています。

その任務は、連合国軍最高司令官と協議し助言することを名目のもと、実際には最高司令官を監視・チェックすることに本来の目的がありましたが、マッカーサーが連合国の介入を嫌ったことや、冷戦の顕在化にともなう米・ソ間の対立のため対日理事会はほとんど機能することがなく、対日理事会も極東委員会も一九五二年四月二八日にサンフランシスコ講和条約の発効によってその役割を終えました。

また、文中のマッカーサーと友人である「コンフェソール氏」はフィリピンのパナイ島イロイロ州の前知事でかつ米比軍ゲリラ指導者であったトマス・コンフェソールのことです。ちなみに憲法改正国民投票については、日本国憲法第九章「改正」に次のように記されています。

第九八条　【改正の手続き、その公布】

１　この憲法の改正は、各議院の総議員の三分の二以上の賛成で、国会が、これを発議し、国民に提案してその承認を得なければならない。この承認は、特別の国民投票又は国会の定める選挙の際行われる投票において、その過半数の賛成を必要とする。

２　憲法改正についての前項の承認を経たときは、天皇は、国民の名で、この憲法と一体を成すものとして、直ちにこれを公布する。

4　万世一系天皇と津田左右吉

戦後第一回衆議院選挙

一九四六年（昭和二一）四月一〇日、木曜日、新選挙法による戦後第一回の衆議院議員総選挙が行われました。総選挙の有権者数は男一六三二万人、女二〇五五万人、投票率は男七八・五二％、女六六・九七％でした。東京、大阪、北海道、兵庫、福岡、愛知、新潟が二つの選挙区、それ以外の府県が全県一区の全国五三選挙区で四六六議席を争ったのです。

しかし戦後まもない混乱にくわえ、復員軍人、引揚者、疎開者など選挙名簿の不備により、投票できない有権者が続出しました。選挙結果は議席数の多い順からあげると、日本自由党一四〇、日本進歩党九四、日本社会党九二、日本協同党一四、日本共産党五、諸派三八、無所属八一でした。そのうち、婦人代議士が三九人誕生しました。

解散時二七四議席あった進歩党は安定政権を目論みましたが、完全にあてがはずれました。幣原首相は諸派・無所属、さらに社会党との提携を図ろうとしましたが、逆に自由・社会・協同・共産四党が幣原内閣打倒共闘委員会を結成したので、幣原首相はその月の二二日総辞職しました。その後一ヵ月にわたる内閣空白という異常事態となったのです。

臨時帝国議会を解散した前年一二月一八日、旧民主党、旧政友会からなる第一党の進歩党は総裁を町田忠治、幹事長に鶴見祐輔を選出しましたが、現職議員の大半が翌年（昭和二一）一月四日のGHQによる「好ましくない人物の公職よりの除去に関する覚書」（公職追放）に該当し、総選挙の資格を失ってしまいました。急遽、若手の犬養健《たける》、保利茂らが自由党の芦田均に働きかけて総裁にしました。

第一次吉田茂内閣（一九四六・五・二二）

自由党は進歩党より少し早く、総裁に鳩山一郎、幹事長に河野一郎を選んで日本自由党を結成しました。船田中と赤城宗徳が中心となった国民協同党では、総選挙後、三木武夫が書記長になりました。西尾末広、平野力三ら旧社会党右派は河野密、浅沼稲次郎ら旧日本労農党系の中間派、さらに鈴木茂三郎、加藤勘十ら旧無産党の左派と合流して社会主義単一政党を結成しました。共産党は一〇月一〇日、府中拘置所から出所した徳田球一、志賀義雄らが一二月はじめ日本共産党を再建し、翌年一月に中国延安《えんあん》から帰国した野坂参三は徳田らに加わりました。

四月一〇日の総選挙後、各党は後継内閣で足並みはそろわない状態が一ヵ月ほど続きましたが、ようやく自由党の鳩山一郎総裁でまとまりかけました。しかし、その直前の五月四日、GHQは自由党総裁の鳩山一郎の公職追放令を政府に通達しました。しかもその前日の五月三日には極東軍事裁判が開廷されました。この日、東京市ヶ谷の旧陸軍省大講堂に被告席に座ったA級戦犯二八名は次のとおりです。

荒木貞夫、土肥原賢二、橋本欣五郎、畑俊六、平沼騏一郎、広田弘毅、大川周明、大島浩、佐藤賢了、重光葵、嶋田繁太郎、白鳥敏夫、鈴木貞一、東郷茂徳、星野直樹、板垣征四郎、賀屋興宣、木戸幸一、木村兵太郎、小磯国昭、松井石根、松岡洋右、南次郎、武藤章、永野修身、岡敬純、東条英機、梅津美治郎。

五月一日、戦後初のメーデーの宮城広場に五〇万人の大衆が集まりました。勢いにのった社会党片山哲書記長は、社会党首班の連立内閣を目指しましたが各党の同意を得ることができませんでした。五月九日、鳩山一郎は幣原内閣の外相吉田茂に自由民主党の総裁を懇願しました。吉田はいったん断わりましたが、一五日、受諾しました。五月二二日、第一次吉田内閣が自由党と進歩党の連立によって成立しました。閣僚の主な顔ぶれは、大蔵・石橋湛山、文部・田中耕太郎、厚生・河合良成、農林・和田博雄です。

天皇退位の問題

このころ各地に米よこせデモが頻発、五月一九日の食糧メーデーは「反動政府打倒」「民主人民政府樹立」をスローガンとする二五万人のデモが宮城前を埋めつくしました。翌日、マッカーサーは「暴民デモ許さず」と大衆示威運動にたいする声明を発表しました。というのは、このころからアメリカは共産主義を脅威とみなすようになったからです。

七月二日、極東委員会は新日本国憲法の基本原則を採択しました。八月二四日衆議院は憲法改正案を修正可決し、一〇月七日、貴族院で修正された憲法改正案を可決して、日本国憲法は成立しました。そして一九四六年（昭和二一）一一月三日日本国憲法が公布されたのです。ところで、丸山真男・福田歓一・南原繁座談会による『聞き書　南原繁回顧録』から次のような話を紹介しておくのもけっして無駄ではないでしょう。

「天皇問題について伺いたいのですが、『皇室典範』の改正で先生は天皇退位の問題をあらためて主張されたと思います。それはどういうご趣旨ですか」福田歓一。

「それは、次の第九一回帝国議会、昭和二一年の一二月のことです。新憲法の成立にともなって、『皇室典範』の改正が企てられた。しかも、これが議会の自由な討議に付せられた。これは全く歴史的事件です。ここで、他の点は自由な民主的精神で一新されているのに、ひとり『皇位継承』については退位ないし譲位の規定が欠けている。私はこの点を問題にしたわけです。さきにも申し上げた通り、その基本は天皇の道徳的・自由意志を尊重せよということにあります。それにもとづく天皇の進退が行われなければ、日本の道義的・精神的礎石は据えられない。それには典範自身のなかでその道を開いておかないことにはどうしようもないですからね。ところが、典範でその途を閉鎖している。その点においては古い皇室典範と変らなかった。人間天皇は依然として自由意志のないという結果になったわけですね」南原繁。

以上のような趣旨の発言は、昭和二一年（一九四六）一二月一七日の皇室典範を審議する貴族院本会議で南原繁によって行われました。当時、南原繁は勅選議員として貴族院議員に選ばれていました。近衛文麿と憲法改正案の作成に取り組んでいた京都帝国大学法学部教授の佐々木惣一も同じように勅選議員です。佐々木惣一も同審議会で女子の皇位継承を認めていない皇室典範について質問をしています。公職追放のため貴族院議員が足りなくなり、多くの学者が学識経験者として貴族院議員に選ばれたのです。

昭和二二年、大日本帝国憲法の廃止と日本国憲法の施行によって、貴族院は廃止され新設された参議院に引き継がれました。

雑誌『世界』と津田左右吉

さて、読者の皆さんは今から六三年前の一九四六年（昭和二一）四月一日発行の『世界』四月号に津田左右吉が「建国の事情と万世一系の思想」を発表したことはご存知でしょうか。ちょうど戦後第一回目の衆議院選挙が行われるころです。津田左右吉といえば昭和一五年二月一〇日『古事記及び日本書紀の研究』が発禁処分にされ、「皇室の尊厳を冒涜する罪」で岩波書店の創業者とともに起訴されたことで有名です。「不敬罪事件」とも呼ばれています。

津田左右吉は『記紀』の神代から仲哀天皇までの天皇の系譜をふくめて歴史的事実とみることはできないとしました。また、『記紀』は日本民族や国家の起源について知るための史料価値はないと考えたのです。わかりやすく言いますと、津田は『記紀』のアマテラスを祖とする天皇家の物語を完全な神話＝フィクションとしたのです。

一九四六年はじめに創刊された雑誌『世界』の初代編集長は吉野源三郎でした。創業者の岩波茂雄は、『世界』四月号が発売された一ヵ月後の一九四六年四月二五日に脳溢血の後遺症で亡くなりました。雑誌『世界』の創刊から五月ごろまでの一九四六年という年は、まさに激変の政治社会状況でした。

一月一日の天皇による神格否定の宣言に始まり、ＧＨＱによる公職追放、二月の農地改革、自由党総裁鳩山一郎による反共国民戦線の提唱、幣原政府とＧＨＱとの憲法改正の虚虚実実の交渉などを経て、四月一〇日には新選挙法による戦後初の衆議院選挙が行われ、五月三日に極東軍事裁判が東京市ヶ谷で開廷されました。

『世界』四月号に津田が発表した論文「建国の事情と万世一系の思想」ですが、約三万字におよぶこの論文は四〇〇字詰原稿用紙の約八〇枚に相当します。家永三郎によれば津田左右吉は後の単行本や全集などへの収録を考慮して、徹底した補筆修正をするということです。ですから私は雑誌『世界』に掲載された発表当時の論文を十分の一以下に要約してお伝えしようと思います。この論文は『津田左右吉全集第三巻』（『日本上代史の一研究』）に収録されていますので、私の要約に物足りないようであれば、県立図書館か区立図書館クラスであればご覧になれます。

「建国の事情と万世一系の思想」

日本国家は日本民族という一つの民族によって形成された。この日本民族は近いところに親縁の民族をもっていない。本土の東北部に全く人種の違うアイヌ（蝦夷）がいた。日本民族の原住地も移住の道筋もまったくわからない。日本民族は遠い昔から一つの民族として生活してきたのであって、民族の混和によって形づくられたのではない。

日本民族は多くの小国家にわかれていたが、政治権力と宗教権力も有していた。日本民族の存在が世界的意義をもつようになったのは、九州西北部の小国家が海を渡って朝鮮半島を西北部に進み、当時、その地方に進出していた中国人と接触してからである。中国の文物を受け入れることによって、九州地方の小国家は権威を高め、富をたくわえ、朝鮮半島を背景とした諸君主の間にしだいに力の差が生じた。

三世紀ごろヤマト（邪馬台、今の筑後の山門）の女王卑弥呼がほぼ北九州全域を支配するようになった。九州地方の諸君主が得た製品や技術は、瀬戸内海航路を経て近畿地方に伝わった。近畿地方を領有する政治的勢力は、ヤマト（大和）の皇室を祖先とする君主であることはほぼ知られている。その勢力がどれだけの範囲であり、いつからの存在であり、どのようにしてうち立てられたのかわからない。二世紀ごろにそのような勢力が存在したらしい。

大阪湾岸地域を勢力範囲にふくむ大和は、瀬戸内海航路によって北九州と行き来した。皇室を祖先に持つ大和小国家は、いつの時からか北九州地方の小君主を服属させ、統御し、直接の領土として治めたと考えられる。三世紀になると大和の君主は東は東北地方、西は出雲地方に領土を拡大した。これには西からの新しい文物の利用と技術の獲得によるところが大きいが、いわゆる創業の主に相当する君主の力にもよる。

創業の主は険要の地大和と肥沃な淀川の平野と海路の要地を有し、諸小国の上に君臨するようになる。四世紀になるとアジア東北部に遊牧民が朝鮮半島の中国人の政治勢力を駆逐したので、邪馬台国の君主はその頼るべき力を失った。その機に乗じて大和勢力は九州に進出して彼らを服属させたのである。さらに南九州のクマソなどの諸小国を服属させた大和勢力は、東北のアイヌ（蝦夷）をふくめて日本民族の住地のほとんどを支配下におさめた。

神武東征はけっして歴史的事実を語ったものではない。私の考えでは皇室の基礎が固まった六世紀のはじめごろ、皇祖＝日の神が降り立つ地を日向としたために大和と日向を結びつける東征神話をつくったのである。国家統一はどのような方法でおこなわれたのだろうか。もともと日本民族が多くの小国家にわかれていても、その間に絶えざる戦争があったというのではなく、武力的競争によってそれらの国家が存在したのではなかった。皇室は多くの君主を服属させることができたのは、皇室がもともとそれら小国家君主の家の一つであったからであるが、その勢力の発展が戦争によるものではなかった。

万世一系の皇室という観念が生じまた発達した歴史的事情は、次のようなことが考えられる。一つは皇室が日本の外から来てこの民族を征服しそれによって君主の地位と権力を得たのではない。民族の内から起こって次第に周囲の諸小国を服属させたのである。二つ目は異民族との戦争はなかった。

日本民族は島国に住んでいたために、同じ島に住んでいたアイヌの外に異民族はいないし、また、四世紀から六世紀にかけて朝鮮半島および中国大陸は群雄割拠の時代であった。彼らは海を渡ってこの国に進撃してくるようなことはなかった。

三つ目は、日本の古代には政治らしい政治、君主としての事業らしい事業はなかった。天皇は自ら政局に与《あずか》ることがなかったから、皇室の失政と事業の失敗もなかった。朝鮮半島の経営は大伴氏や物部氏が行っていた。国家の大事は朝廷の重臣が処理したので、天皇には事業の失敗もない。四つ目は天皇の宗教的権威である。天皇は武力をもってその権威と勢力を示すことも、また政治の実務に与ることもなく、それは別の力、すなわち宗教的任務をになうことであった。

天皇の宗教的地位というのは、民衆のためにさまざまな呪術や神の祭祀を行うことであり、そのようなことを行うことから天皇は「現つ神」と言われたことの遠い淵源と歴史の由来はここにある。「現つ神」は国家を統治する、すなわち政治的君主としての天皇の呼称である。五つ目は天皇の文化的地位である。海外の文物を通して皇室は新しい文化の指導的な地位に立ったのである。

皇室が永久でありまたあらねばならぬという思想は、そのすべては神代の物語に反映している。神代の物語によって、皇室をどこまでも皇室として永久にそれを続けていこう、またいかねばならぬという当時のまたそれに続く時代の朝廷に権力をもっているものの欲求と責任感が表現されているのである。

皇室が永久であらねばならぬという思想は、時勢が移り変わっても同じであった。親政が行われたのは極めてまれな例外であった。大化の改新と律令の制度においては天皇の親政が定められたが、その定められた時は、実は親政ではなかったのである。事実上、政権を掌握していたのは、改新前の蘇我氏なり後の藤原氏なり平氏なり源氏なり足利氏なり豊臣氏なり徳川氏であった。このように天皇が親政でなかった点ではみな同じである。

日本の皇室は日本民族の内部から起こって日本民族を統一し、日本の国家を形成してその統治者となった。皇室は高いところから民衆を見下ろしてまた権力をもってそれを圧服しようとしたことは長い歴史のなかで一度もなかった。皇室は国民の外部にあって国民に対立するのではなく。国民の内部にあって国民の意志を体現し、国民と調和しているのである。

国民が国家のすべてを主宰することになれば、皇室は自ずから国民の内にあって国民と一体になる。具体的にいうと、国民的結合の中心であり国民的精神の生きた象徴であるところに皇室の存在の意義があることになる。こうして国民の内部にあるが故に、皇室は国民と共に永久であり、国民が父祖子孫相承けて無窮に継続すると同じく、その国民と共に万世一系なのである。（以上、要約）

編集者吉野源三郎の苦悩

吉野源三郎の『職業としての編集者』（岩波新書、一九八九年）によれば、吉野が疎開先の岩手県平泉にいる津田左右吉を訪れたのは、一九四六年三月のことでした。その顚末はこれから述べるように編集者が抱えなければならない難題中の難題だったのです。というのは一九四六年正月から『世界』創刊号の発行を決めた吉野源三郎は、前年の秋、新しい雑誌のため津田左右吉に「日本史の研究における科学的方法」をテーマにした原稿を依頼していました。

その原稿が一九四六年の一月と二月の二回にわけて津田から送られてきたのです。津田の手紙によれば、「原稿が予定より超過して二回分になった。前半は予定の「日本歴史における科学的態度」で後半は「建国の事情と万世一系の思想」という表題になっているが、たがいに関連していて一つの論述になっている」ということでした。結果としては、前半は三月号で後半は四月号で発表することになったのですが、問題は後半の「建国の事情と万世一系の思想」でした。

当時の政治状況といえば先述したように、軍国主義者の公職追放、右翼団体の解散、野坂参三の中国延安からの帰国と山川均による人民戦線の結成など共産、民主主義勢力が勢いづいていました。街頭でも室内でも共産党の演説者になると、途中から「天皇制をやれ!」「天皇制をやれ!」と聴衆は騒ぎ立てるほどの熱狂ぶりでした。吉野は津田におよぶ身の危険や将来の学究生活のことを考えると夜も眠れず、ついに友人の歴史学者羽仁五郎に半ば期待半分で相談することにしました。しかし羽仁は原稿を読み終えると、激するように「こんな原稿は没にしてしまえ」と言い放ったのです。

津田は書き直しには同意しませんでしたが、吉野が津田に宛てた手紙を編集部からの報告として四月号の巻末に載せることについては了承しました。吉野の書簡は同じ『世界』四月号巻末に「津田博士『建国の事情と万世一系の思想』の発表について」と題して掲載されました。その書簡は四〇〇字詰原稿用紙にして約二五枚に達する分量です。

吉野は「先生の御論説の後半（四月号掲載の分）の特に最後の方で触れておられます天皇ならびに皇室に関する問題は、今日では極めて重要な政治問題となって来ております。いわゆる天皇制の問題として、様々な論議が国内はもちろん国外においても活発に行われ、国民の重大な関心事となっていることは申すまでもありません」と津田の論文の影響を心配したのです。

家永三郎の『津田左右吉の思想的研究』

このようにして四月号が発売され、予想通り大きな反響をよびましたが、吉野の杞憂した事態にはなりませんでした。というのは、四月号発売の前に懸案の新憲法草案が発表され、マッカーサーがそれを支持する声明を発表していたからです。家永三郎は『世界』の編集者吉野源三郎と著者津田左右吉の間におきた問題を『津田左右吉の思想的研究』で次のように分析しています。

戦後における津田の思想的立場は『世界』の編纂者とのこうした意見の交換を通じ、端的に社会に明示されたのであるが、それは、一面津田の戦前の思想と論理上一貫したものであるとはいえ、他面戦前の津田の著作における力点配置の全体構造に照らすならば，「意外」の感を生じしめるもののあったこともまた否定しがたい。そこには、連続一貫している面と新しく変化した面との両面がふくまれていたのである。

戦前の津田が天皇制の観念的支柱とされている『記紀』への徹底的批判を遂行したのは、皇室の起源に関する没理性的神秘主義的教説が、近代日本において、決して皇室と国民との関係を維持するに適切でないと判断し、天皇制の近代化合理主義化をはかったものであり、同時に政治を民主化し、天皇を政治の責任の衝から解放して「国民的精神の生ける象徴」たらしめるのが津田の念願であった。

敗戦後、占領軍は、天皇制を温存する政策をとると同時に、非合理的国体観念を一掃する方針をとった。昭和二一年一月一日の詔書で、天皇自ら「朕ハ爾等国民トノ間ノ紐帯ハ終始相互ノ信頼ト敬愛トニ依リテ結バレ、単ナル神話ト伝説トニ依リテ、生ゼルモノニ非ズ」と宣言することになった。(中略)

問題の津田論文は、新憲法草案発表前に書かれたものであるから、「象徴」天皇制の成立を前提としていないけれど、すでにポツダム宣言受諾以来、天皇制の合理化は不可避の大勢にあり、結果から言うと、多年津田の持論としてきた「象徴」としての天皇制が憲法に明文化されるという、津田の戦前以来の説の名実ともに現実化することになったわけである。

天皇制に対して、もはや津田はその合理化のための論議の必要を失ったのであるが、その反面、敗戦後における連合国側ならびに国内急進派から提起された天皇制批判の主張は、皇室を心から敬愛する津田の憂いを深からしめるものがあった。天皇制否定の声は、合法政党として公然と活動を開始した共産党をはじめ、いろいろな方面からあがってきた。

津田がかつては最大の論敵として常に念頭においていた非合理的国体論の社会的勢力が退き、天皇制否定論者が代わって思想界に公唱されるにいたって、おのずから津田は天皇制否定論者と対決せざるをえない状況になったのである。津田が一見「意外」との印象を与えるような熱情的積極的な天皇制擁護論を展開するにいたった心理的根拠は、このような客観情勢の変化にともなう津田の位置の変化を前提としたとき、はじめて十分に理解できるのではあるまいか。

津田左右吉と丸山真男

さて、次に津田左右吉と丸山真男の関係に話を移します。津田と丸山真男の関係はあまり知られていません。一八七三年（明治六）生れの津田左右吉と一九一四年（大正三）生れの丸山真男は、四一歳の年齢差があるばかりか、学歴、環境、研究テーマが対照的です。津田はほとんど独学で早稲田大学の講師となり教授となった半アカデミックな研究者でした。ジャーナリストを父にもつ大阪生まれの丸山真男は、四谷第一小学校→府立一中（日比谷高校）→一高→東京帝国大学法学部を経て、一九四四年東京帝国大学法学部助教授で陸軍二等兵として召集されています。

丸山真男のドラマチックな体験といえば、陸軍二等兵として召集されて朝鮮半島に送られたのはよいとして、その後、脚気のため除隊となり東京に戻りました。しかしその四ヵ月後の一九四五年三月に再召集を受けて、こんどは広島宇品の陸軍船舶司令部へ二等兵として配属されたのです。原子爆弾投下地点が司令部から五キロメートルの距離にあったことから命は助かったものの、丸山真男は被爆者となったのです。戦前の天皇制を「無責任の体系」と思想的表現をした丸山は、戦後民主主義のオピニオン・リーダーとして知られるようになったのは当然のことでした。

丸山真男の戦後思想の出発点となったのが、津田左右吉の論文に続いて発表した『世界』五月号の「超国家主義の論理と心理」でした。『世界』四月号の津田論文で大きな衝撃を受けた吉野源三郎は、丸山真男と仕事上から信頼関係にあったので、共産党や民主主義勢力の批判をかわすためにも丸山真男しかいないと考えたのでしょう。丸山も吉野の意図を理解していたはずです。しかし、丸山は「超国家主義の論理と心理」で津田の弁護も解説もしていません。

丸山真男が「超国家主義の論理と心理」で展開した分析手法は、丸山自身の言葉を借りれば、アメリカの社会心理学や政治学の象徴論やコミュニケーション論でした。丸山真男が「超国家主義の論理と心理」のなかで津田左右吉を婉曲に批判している箇所を探すとすれば、最終節の次のような文言でしょう。「天皇を中心とし、それからのさまざまな距離に於いて万民が翼賛するという事態を一つの同心円で表現するならば、その中心は点ではなくて実はこれを垂直に貫く一つの縦軸にほかならぬ。そうして中心からの価値の無限の流出は、縦軸の無限性（天壌無窮の皇運）によって担保されているのである」

丸山真男が発表した一九四六年（昭和二一）の『世界』五月号に掲載された「超国家主義の論理と心理」は、案の定、朝日新聞の書評により、丸山曰く「呆れる」ほどの反響を呼んだのです。この論文は未来社刊行の『現代政治の思想と行動』の「第一部　現代日本政治の精神状況」のトップに収録されています。

南原繁の回想

ところで丸山真男と津田左右吉との関係とはいったいどのようなものだったのでしょうか。二人の関係については、立花隆が『天皇と東大』（下巻、文藝春秋、二〇〇五年）で「『大逆』と攻撃された津田左右吉の受難」と題して、軍部と結託した右翼国家主義者の蓑田胸喜《みのだむねき》（一八九四〜一九四六年）

をはじめとする「原理日本」グループとそれと結びついた貴族院議員国粋主義者による津田左右吉への攻撃の実態を紹介しています。

蓑田らは「万世一系の天皇天祖の神勅」の名のもとに、天皇機関説を唱える大学教授を全国の教壇から追い払うことに成功したのです。余勢をかった蓑田グループがその矛先を東大に向けたのです。蓑田らによれば、東京帝国大学法学部こそ反国体の中枢であり、容共教授の巣窟だったのです。

『聞き書　南原繁回顧録』（東大出版会、一九八九年）によれば、東京帝国大学法学部では昭和一四年三月秋から、新しく東洋政治思想史の講座を開くことになったのです。当時、法学部教授南原繁は助手丸山真男の指導教官でした。『南原繁回顧録』は南原繁と丸山真男と福田歓一による対談式聴き取りです。事件当事者による対談ですから説得性に富んでいます。立花隆もこの本を参考にしています。

南原教授は、丸山真男に「政治学史をやってもポストはない。近ごろ日本精神とか皇道とか盛んにいわれているが、科学的な研究はほとんどされていない。東洋の政治思想をやる人が出てこなければならない」と言いました。南原繁曰く、丸山が一人前になるまで、講師を依嘱して、この講座を聞こうということになったのです。当時、津田左右吉は早稲田大学で哲学の講座を担当していました。

丸山によれば津田の説は歴史学界のなかでは傍系でした。官学アカデミーの大勢は津田説に批判的で、むしろ歴史畑以外のジャンルにいるものに人気があったのです。津田左右吉の講義は「先秦時代の政治思想」という題で五回ほど続きました。ところが最終回の講義で、津田が「これで講義を終ります。何か質問ありませんか」と言ったとたんに、方々から一斉に手があがりました。明らかに組織的な攻撃でした。彼らは一高の昭信会を中心とする「学生協会」の三井甲之《みついこうし》（一八八三〜一九五三）や蓑田胸喜を指導者とする学生右翼団体でした。

丸山は「講義内容をはずれた質問をするのは失礼じゃないか」といって、津田を抱きかかえるようにして講師室に戻りました。しばらくして二人はそこを出ました。外は雨が降っていました。丸山は何ともいいようのない気持になりました。二人が本郷一丁目の食堂森永で食事した時は、夜の八時か九時ごろでした。その時、津田は「ああいう連中が日本の皇室を滅ぼしますよ」とポツリと言いました。丸山には津田が本当に皇室を思って言っているのがはっきりと伝わってきました。

右翼妨害事件の結末

丸山は、南原繁との対談で、当時のことを回想して「ぼくには、正直なところ、それほど尊皇心がないんですね。ですから、かえって先生のその言葉を非常によく覚えている」と語っています。「津田先生のその言葉は真実、真情ですね。もともと先生の古典研究は、文献を分析批判し、合理的解釈を与えるという立場にあるし、古事記・日本書紀が歴史的事実としては曖昧であり、物語・神話にすぎないと主張されたにすぎない。先生の主眼とした国民思想の研究を読めば、国を思い、皇室を敬愛する情に満ちた先生を見出すことは、誰にでもできることだと思います」と南原繁。

蓑田胸喜を指導者とする学生右翼団体の津田左右吉への講義妨害事件は次のような裁判事件に拡大しました。昭和一五年一月一三日、内務省が津田左右吉の著作四点『神代史の研究』『古事記及日本書紀の研究』『上代日本の社会及思想』の発行状況についての記録を求めました。二月一〇日から一二日にかけて発売禁止、紙型の押収などがなされました。同年、三月、皇室の尊厳を冒涜したという罪で出版法第二六条によって起訴されました。著者として津田左右吉、出版社として岩波茂雄です。予審から昭和一七年一月にいたるまで、二〇前後の尋問があり、一七年五月二一日、『古事記及日本書紀の研究』一冊だけが有罪という判決が下りました。著者は禁固三ヵ月、出版社は禁固二ヵ月、いずれも執行猶予二年でした。

5　百済から渡来した応神＝ヤマトタケル

「偶像を造ってはならない」

私が古代史研究家の石渡信一郎氏と会ったのは、一九八八年の三月の末頃でした。この出会いが単なる打ち合わせに終らなかったのは、私がこれから述べる事柄からも理解していただけるのではないかと思います。当時、私は『聖書』を読むことに熱中していました。ちょうど一年前の秋ごろ、日本聖書教会からプロテスタントとカトリック教会の共同翻訳が出版され、版も活字も大きくなり読みやすくなっていました。

私の仕事は単行本を企画編集する仕事でしたので、時間はかなり自由でした。朝型の私は、出社してから午前九時まで電話を使った著者との連絡や打ち合わせを終え、午前中にほぼ原稿の割付作業を済ませました。その頃、私は午後四時ごろ帰宅すると、まだ真新しい『聖書』を持って横になるのが習慣でした。南側のヴェランダから差し込む夕日を背にして、創世記から全編をとおして読むという私の計画はかなり早く実現しそうでした。

「創世記」からはじまるいわゆる「モーセ五書」は、モーセが神と契約した「十戒」とその違約によって民が罰せられるという国家形成の苦難の物語です。「彫像、石柱、あるいは石像を建てて、それを拝んではならない」というモーセがシナイ山で神と取り交わした約束は、「偶像を造ってはならない」

ことでした。神はモーセの神であり、モーセをエジプトの国、奴隷の家から導き出した神なのです。『出エジプト記』二〇章四節で神はモーセに次のように語ります。

あなたはいかなる像も造ってはならない。上は天にあり、下は地にあり、また地の下の水にある、いかなるものの形も造ってはならない。あなたはそれらに向かってひれ伏したり、それらに仕えたりしてはならない。わたしは主、あなたの神。わたしは熱情の神である。

偶像を造ってはならず、彫像、石柱、あるいは石像を造ったりすることはもちろん自然を拝むことさえ一切禁じられたイスラエル人は、この戒めを破った罪に対して七倍の仕返しを受けることになるのです。モーセとアロンに導かれてエジプトを脱出したイスラエル人は、砂漠をさ迷い、約束の地「乳と蜜の流れる」カナンに入るまで五〇年の歳月を費すことになったのです。この間、アロンが死に、モーセさえ神の怒りにふれてヨルダン川を渡ることができませんでした。

アーメンホテプ四世の高官

ジークムント・フロイトの晩年の著作に『モーセと一神教』という本があります。一九三三年ごろから書き始め、一九三六年には大部分を書き上げていましたが、当時、ヒトラー支配下のオーストリアで唯一カトリック体制の庇護をのぞいては身の安全を守るすべがなかったユダヤ人フロイトにとって、本の出版はその内容からとても危険なことでした。

『モーセと一神教』はフロイトがロンドンに亡命して二ヵ月後の一九三八年八月に出版されました。フロイトはこの本で、「もしモーセがひとりのエジプト人であったならば、そして、もし彼がユダヤ人に彼自身の宗教を伝えたとするならば、それはイクナートンの宗教すなわちアートン教であった」と考えました。

エジプト第一八王朝の紀元前一三七五年ごろ、若いファラオが父アーメンホテプ三世の後継者としてアーメンホテプ四世を名乗りましたが、のちに名を「アメン神は満足したまう」という意味のアーメンホテプから、「アトン神にとって有用な者」という意味のイクナートンに名をかえたのです。アトンとは、太陽神の太古の名前であるアートンに基づきます。イクナートンは太陽を物質的対象物としてではなく、太陽光線のなかに神的存在の象徴を見て、「マートに生きる」ことを欲しました。マートとは正義と真理という意味です。

イクナートンはアメン神官団の支配勢力下にあったテーベからより下流にあるナイル東岸のエル・アマルナに王宮を移し、アメン信仰のすべてを弾圧・禁止しましたが、王の狂熱的な改革は長続きしませんでした。アートン教は破棄され、アメン神が復活したのです。フロイトによればモーセは政府高官か王家の一員でした。ファラオの熱烈な信奉者であったモーセは、エジプトから排除された宗教をもっと峻厳にもっと激しく植え付けるべく民族ユダヤ人を見出し新たなる王国を建てようとしたのです。

歴史を貫く二重性

モーセは反抗的なユダヤ人によって暴力的に殺害され、モーセの一神教も捨てられたとフロイトは考えました。というのは、エジプト脱出後の五〇年にわたる荒れ野のさすらいは、モーセの権威に対する一連の謀反と反抗の記録にみちみちているからです。イクナートンの学校を出たモーセの教義は、モーセの主人イクナートンの教義よりはるかに峻厳でした。イクナートンの時と同じようにモーセ配下のユダヤ民族も、高度に精神化された宗教に耐えることができず、独裁者を片付けてしまったのです。

しかし、その後、バビロンの捕囚の終る頃、ユダヤ民族のなかに殺害された者が死者のなかから再臨しました。そしてモーセ殺害に対する悔恨の念に満たされ、この犯行を忘れようと努める時がやってきました。モーセに関する根強い伝承が生き残り、一時は神の場を占拠していたヤハウェ神もついには、モーセの神にその地位を譲らざるを得ませんでした。

フロイトの結論はユダヤの歴史を貫く二重性でした。最初の宗教が後の宗教に駆逐されながら、のちにその宗教が姿を現し勝利を誇る。これらのすべての二重性は、第一の二重性、すなわち民族の一方の構成部分が心的外傷の原因と認められる体験をしているのに、他の構成部分はこの体験にあずからなかったという事実の必然的結果であるというのです。

当時、私の最大の関心事は神の概念についてでした。いったい人はなぜ神をつくり祭るのでしょうか。偶像を否定したユダヤの神は、いわゆる山川草木を崇拝する日本の神とは対照的です。モーセのエジプト脱出に協力したユダヤの神は、偶像を造らないという契約でイスラエルの民にカナンの地を約束しています。いったい日本の神とは何か、何が私たちをして山や川や草や木をなつかしくさせるのでしょうか。私は聖書を読みながら日本の神のことを考えていました。

『日本古代王朝の成立と百済』

石渡氏と会って五ヵ月ほど経った八月の終りごろでした。私はふと、机の横の本棚に差し込んである石渡氏から預かった白い束の原稿に気がつきました。私はその時、八幡神社とその神について何か書いているような気がして、急いで原稿用紙をめくっていきました。すると終りごろで、「昆支《こんき》の神格化・八幡神」とあるのです。私の心臓はある強い予感で高鳴っていました。

いったい「昆支」とは誰のことなのか。昆支とは応神天皇のことだという。『日本書紀』では応神天皇は初代神武天皇から一五代目の在位二七〇年から三一〇年の天皇です。全国に約四万の八幡神社がありますが、その大半は応神天皇を祭神としています。私の郷里横手盆地の各町村にも必ずといっていい大きな八幡神社がありました。

私が事の重大性に気がついた日の三日後、石渡氏から私のもとに書籍小包が送られてきました。A五判並製の白いカバー表には藤の木古墳から出土した鞍金具、裏には隅田八幡鏡が印刷されていました。本の中身は私が預かっていた原稿とほぼ同じ内容のもので横組みのタイプ印刷でした。石渡氏と初めて会った時、私は「この内容は一般読者向きとしては難解なので、もっとわかりやすいものにして欲しい」と言って、後日そのレジュメを送ってもらうことにして石渡氏と別れました。数日経って石渡氏から「蘇我王朝の興亡」と題するレジュメが届きました。

私はこのレジュメをもとにした企画書を書き編集会議で出版の了解をとりました。レジュメの「蘇我王朝の興亡」は、『応神陵の被葬者はだれか』というタイトルで一九九〇年二月、三一書房から出版しました。「一九八八年八月一五日」の日付のあるＡ五判並製の私家版のタイトルは『日本古代王朝の成立と百済』という書名でした。本と一緒に日本古代史上の発見の要旨が簡潔に書かれた挨拶状が添付されていました。正確を期すために全文そのまま紹介します。

私はこの度『日本古代王朝の成立と百済』を私家版でだすことになりました。本書の特徴は、①古墳時代に朝鮮半島から多数の渡来者があったとする人類学者の新しい学説と、②応神陵の年代を五世紀末から六世紀初めとする地理学者日下雅義氏の学説に基づいて日本古代史の謎の解明を試みたことです。こうした試みはいまだになされたことがありません。

人類学の研究成果によれば、日本古代国家を建設したのは、概念の不明確な騎馬民族ではなく、朝鮮から渡来した古墳人だと考えるのが自然です。また、応神陵は五世紀～六世紀初めの倭国王の墓とみることができます。

私は、学者が不当に無視している、これらの重要な成果や学説に依拠し、科学的・合理的な考察を重視して、古代史の謎に挑んできましたが、崇神王朝（三輪王朝）が加羅系統、応神王朝（ヤマト王朝）が百済系統であることを解明できました。また、継体天皇は、応神の弟で、八幡鏡の男弟王であり、この王が仁徳陵の被葬者であることを突きとめることができました。つまり記紀にみえる応神と継体の間の一〇人の天皇、すなわち、仁徳から武烈までの一〇人の天皇はみな架空の天皇であることがわかりました。本書は、記紀が隠した、このような古代大王家の秘密を明らかにしたものです。

ベルリンの壁が崩壊して三ヵ月目の一九九〇年二月、石渡信一郎氏は『応神陵の被葬者はだれか』で、ついに次のように隅田《すだ》八幡鏡銘文の「日十大王」は百済から渡来した昆支《こんき》王であることを明らかにしたのです。しかし、実際にはすでに二年前の一九八八年八月の私家版『日本古代王朝の成立と百済』で隅田八幡鏡銘文の解読を公表していたのです。このことによって昆支が八幡神に神格化され、八幡神社には応神天皇が祭神として祀られているわけがわかったのです。

癸未年（五〇三）八月、日十《そか》大王（昆支）の年（世）、男弟《をほど》王（継体）が意柴沙加宮《おしさかみや》（忍坂宮）に在《いま》す時、斯麻《しま》（武寧王）は男弟王に長く奉仕したいと思い、開中《ぺいちゅう》（辟中）の費直《こうりちか》（郡将）と穢人今州利《わいじんこんつり》の二人の高官を遣わし、白い上質の銅二百旱《かん》を使って、この鏡を作らせた。

昆支＝『日十大王』はなぜ隠されたか

日本古代が新旧二つの朝鮮からの渡来集団によって建国されたことや昆支が古市《ふるいち》古墳群の最大古墳

の誉田陵《こんだ》（応神陵）に埋葬されていることについては、石渡信一郎氏の一連の著作や、今年（二〇〇九）私が彩流社から出版しました『隅田八幡鏡』と河出書房新社から出版しました『応神＝ヤマトタケルは朝鮮人だった』をご覧ください。隅田八幡鏡銘文の「日十大王」の解明が成功すれば、東アジアにおける日本古代史の全貌が明らかになります。

しかし、もし天武・持統天皇下の編纂グループが徹底して「日十大王」の存在を隠す方針で『記紀』を編纂したとしたらどうなるでしょうか。事実、『記紀』には「日十」の文字も「八幡神」もいっさい記されていません。なぜ、『記紀』編纂グループは日十大王＝昆支を隠さなければならなかったのでしょうか。天武・持統天皇らは始祖王＝昆支が二度も滅びた百済から渡来した王であったのを隠したかったからです。なぜ、『記紀』編纂グループがアマテラスを祖とする万世一系の物語を創らなければならなかったのでしょうか。天皇家は母国喪失者であったからです。

さらに現在の私たち日本人をして、国家の起源とその成立、たとえば邪馬台国論争や卑弥呼の墓をめぐる所在地論争にみるように、私たちの議論を紛糾させ混乱させているのは、昆支が婿入りした旧加羅系渡来集団（崇神王朝）自らが建国の事実を偽ったからです。彼らはあたかも邪馬台国を継承したかのように思わせるために三角縁神獣鏡を作り、卑弥呼が魏からもらった銅鏡一〇〇枚に見せかけたのです。

そればかりか『三国志』の編者陳寿自身が、西晋の武帝（司馬炎）のもとで邪馬台国を誇大に記録しなければならない政治的制約を受けていたからです。『魏志東夷伝』の世界については岡田英弘著の『倭国』（中公新書）をご覧ください。

虚実が入り混じった『日本書紀』

ここでは昆支＝余昆《よこん》と弟余紀《よき》に関する文献上解明された研究成果をお伝えしておきます。その史実は津田左右吉が昭和二一年の雑誌『世界』に書いた「皇室は日本の外からきたのではない。民族のなかから起こって次第に周囲の諸小国を服属させた」というような世界とはまったく異なる歴史であることを知ってもらいたいからです。しかし現在日本の知識人の多くはあまりにも日本国家の成立に無関心か無知であることに驚かざるを得ません。

現在市販の世界史年表の百済王系図によると昆支は第二一代百済蓋鹵《こうろ》王の子ですが、王位にはついていません。二二代目の百済王は昆支の母方の叔父《おじ》の文周王が継いでいます。二三代目の百済王は文周王の子の文斤王が即位して、昆支は王位にはつくことなく昆支の子の東城王が二四代目の百済王となり、その子の武寧王が二五代目の百済王となったことは系図から明らかです。

この系図は朝鮮の史書『三国史記』によるものです。『三国史記』は朝鮮の最古の史書ですが、一一四五年に成立した歴史書です。言ってみれば『記紀』より信頼度は低いのです。『三国史記』によれば、四七五年九月高句麗の襲来によって百済の王都漢城は破られ、蓋鹵王は殺害されました。ところが蓋鹵王は高句麗の侵略を事前に予測していたので、王家を絶やさないために、すでに王子の文周王に新羅に逃げるように命じました。

文周王が新羅の援軍とともに漢城（現ソウル）に戻った時は蓋鹵王がすでに殺されていたので、文周王が王位につきました。その年の一〇月、王都をはるか南の熊津《ゆうしん》（公州《こんじゅ》）に移し、四七七年四月、王弟の昆支が内臣佐平に、長男の三斤王が太子になりました。ところが、七月昆支が死にました。八月、文周王が暗殺されたので、三斤王が即位しました。漢城の百済が高句麗に滅ぼされたことは事実であるにしても、王位継承には飛躍がありすぎます。蓋鹵王の子である昆支が高句麗軍による百済攻撃の際、どこにいたのか何も書かれていません。そもそも昆支は文周王の弟ではなく蓋鹵王の弟だったのです。

石渡氏は、『日本書紀』『百済新撰』『南斉書』『宋書』『梁書』の記事から、昆支（余昆）が蓋鹵王（余慶）の弟であり、二人は第二〇代百済毗有王（余毗）の子であることを明らかにしたのです。昆支は四六一年、蓋鹵王が高句麗軍の侵略によって殺害される一四年前の四六一年に倭の五王「讃・珍・済・興・武」の済の入婿として倭国に渡来していたのです。そして昆支こそ倭の五王武その人だったのです。『日本書紀』雄略天皇五年条に昆支の渡来が記されています。ですから『記紀』はすべてフィクションではなく、虚と実が入り混じっているのです。

右賢王余紀＝男大迹＝継体天皇

坂元義種の「五世紀の〈百済大王〉とその王・侯」という論文によると、鎮東大将軍に就いた蓋鹵王（余慶）は大明二年（四五八）、宋朝に「行冠軍《こうかんぐん》右賢王余紀等十一人」の除正を求め、認可されています。認可された一一人の将軍の序列を上から列記すると、征虜将軍（左賢王余昆）・冠軍将軍（余紀）・輔国将軍（余都・余乂）です。輔国将軍余都は叔父の文周とされています。しかしこの時、左右賢王は認められませんでした。

坂元義種は「百済においても左賢王は大王に次ぐ地位にあるが、今回の除正願いは「行冠軍右賢王余紀等十一人」とあるので、右賢王余紀の位が高位にあるかのように思えるが、実際は左賢王の地位が上です」と指摘しています。しかし鈴木靖民は『倭国と東アジア』「百済の府官制」のなかで「余紀」が特に除正を乞う上表の筆頭に上げられる理由は分らないと指摘しています。いずれにしても、余昆も余紀も姓が「余」であることからも二人は夫余系百済王族の兄弟です。おそらく毗有王には蓋鹵王を長子とし余紀を末子とする腹違いの子が多くいたと推測できます。

余昆（昆支）＝応神と余紀＝継体は兄弟

余昆は昆支王であることは間違いありません。石渡氏の研究では、昆支は四四〇年生れですから征虜将軍任官の時の年齢は一八歳ということになります。石渡氏は隅田八幡鏡の「日十大王」と男弟王（継体天皇）は兄弟とみていますが、継体天皇が昆支の弟の誰であるかは特定していません。おそらく、氏はあまりにも証明しなければならないことが多かったので、余紀なる人物の特定を忘れていたのかもしれません。

四五八年の宋朝に出した除正願いのメンバーをみると、右賢王余紀が男弟王＝継体天皇の可能性が高いと私は想定します。継体天皇は五三一年、八一歳で亡くなっているので、余紀は四五〇年前後の生れということになるからです。冠軍将軍に任官したときの余紀の年齢は八歳前後です。昆支は雄略紀にあるように四六一年、二一歳の時に倭国に渡来しているので、余紀は兄余昆こと昆支と一緒に倭国に渡来したかあるいは数年遅れて渡来した可能性が高いと言えます。

余紀が遅れて渡来したとすれば、昆支（武）は興の後を継いで倭王に即位した四七五年から四七八年の間か、蓋鹵王が高句麗の侵略で殺害されて、百済が都を漢城から熊津に移した四七五年以前と推定できます。おそらく余紀は昆支と一緒に渡来して倭国政権の有力氏族のもとで成長したか、成長したのち昆支（武）の後継者として百済から倭国に迎えられたかいずれかでしょう。前者の可能性が高いと私は思います。昆支が倭国に渡来して、百済に帰国しなかったことは石渡氏の研究で明らかです。

第三章　二〇〇九年

1　人と人との出会い、その偶然と必然

倭王武＝「日十大王」＝ヤマトタケル

隅田八幡鏡の銘文解読によって次のようなことがわかりました。銘文によると五〇三年に百済武寧王が叔父男弟王の長寿を祈念して鏡を贈りました。武寧王は五〇一年から五二三年まで在位した百済王です。いっぽう鏡を贈られた男弟王は五〇七年から五三一年まで在位した倭国の天皇継体＝男弟王のことです。男弟王が武寧王の叔父であることは、武寧王の父は昆支＝「日十大王」＝応神＝倭王武であり、継体こと男弟王の兄にあたることがわかったからです。男弟王は弟の王という意味です。五〇三年当時、武寧王は四一歳、継体天皇＝男弟王は五三歳、昆支＝倭王武は六三歳でした。継体の名前は男弟《をほど》王か余紀です。「日十大王」の元の名は昆支とも余昆とも呼ばれ、倭の五王「讃・珍・済・興・武」の武のことです。「武」は訓読みでは「タケル」と呼ばれ、「倭武」は「ヤマトタケル」と読むことができ、実際、「タケル大王」と呼ばれたにちがいありません。

倭王武は四七六年に即位して五〇六年に死去していますから、四五七年に即位した雄略天皇から清

寧・顕宗・仁賢・武烈は架空の天皇です。倭の五王は実在していますから、仁徳・履中・反正・允恭・安康の五人の天皇も架空の天皇です。ですから、仁徳から武烈天皇の一〇人の天皇は架空の天皇となります。隅田八幡鏡銘文の「癸未年」は五〇三年ですから、日十大王＝倭王武は五〇六年まで在位して、五〇七年に弟の男弟王＝継体天皇が即位しているのです。

源氏の氏神応神天皇

「日十大王」の「日十」は「東加羅」の「ソカラ」から「ラ」が脱落して「ソカ」と読むという石渡説から、「タケル大王」は「ソカ大王」と呼ばれた可能性があります。おそらく武寧王時代の百済では大王昆支を「日下」（日＝東、下＝本）の意味で表記し、「下」を良字の「十」に変えたのでしょう。あるいは「下」という字を「十」と表記していたかもしれません。

それにしても律令国家の初期に「日下」は「日本」という国名になったことになっていますが、「日本」という国名はすでに昆支大王のころにその起源をもつことになるのです。やはり律令国家体制は、昆支＝「日十大王」の出自を隠そうとしたのでしょうか。「東加羅」は日本の領土が「南加羅」から東に拡大したときにつけられた国名です。ですからヤマトタケルの東征神話は史実を反映しています。『記紀』神話では、昆支＝倭武は悲劇の主人公ヤマトタケルとして登場しています。

蘇我王朝（昆支系）を滅ぼした継体系の天武持統体制が意図する万世一系天皇の物語からみれば、百済から渡来したことがわかる昆支＝倭王武は余計な存在です。「神話がまったく史実でない」という津田左右吉の指摘は厳密に言うと間違っています。史実を反映している箇所が多々あるからです。

隅田八幡鏡は、現在、上野の国立博物館に展示されています。もともとこの鏡は紀ノ川上流の右岸、橋本市隅田《すだ》町垂井《たるい》の隅田八幡神社にあったのですが、大正三年（一九一四）に考古学者の高橋健自が学会に紹介したのを機会に、鏡はそのまま国立博物館に移管され現在に至っています。国立博物館の鏡についての説明は、鏡の製作年代、銘文の内容はいまだはっきりとはわからないとしています。しかし、私が冒頭に述べたように、銘文はほぼ一〇〇％解読されています。

残された課題は五〇三年の癸未年鏡がどのようにして隅田八幡神社に伝わったのかという歴史的背景とその事実の探求です。しかしこの試みは成功しているとは言えません。実証的に証明できる決定的な史料や遺物が見つからないからです。これはと思えるような事柄については、次にいくつかお話しします。自信をもって言えることは、癸未年鏡が伝わるべきところに伝わったということです。

八幡神社の本家本元は九州大分の宇佐八幡宮です。桓武天皇を祖にもつ清和天皇が即位するとき、紀氏の末裔僧行教は宇佐宮の八幡大菩薩を京都の石清水に勧請しました。隅田八幡神社もその分社です。「源氏」の姓を名乗ったのは清和天皇を父とする経基王でした。多くの源氏諸流のなかで経基王を父とする源満仲の子頼信が本拠とする羽曳野壷井の河内源氏が武門の棟梁として覇権を確立しました。

二代目頼義は「前九年の役」で出羽の俘囚長清原武則の協力を得て厨川の柵で討った安倍貞任の首を京の都で晒し、その三ヵ月後に壷井八幡宮の八幡大菩薩を鶴岡八幡宮に勧請しました。壷井八幡宮ではなく、石清水八幡宮という説もあります。それより先に頼義の父頼信は「応神天皇は自らの二二世の氏祖」という告文（宣言）を応神陵の後円部に近い誉田八幡宮に奉納しました。

三代目の八幡太郎義家については、皆さんもご承知の通りです。この河内源氏三代の墓は応神陵に近い近鉄南大阪線上太子駅の南西三キロの通法寺にあります。上太子駅の隣の駒ヶ谷駅からも歩いていけますが、古市駅から一つ目の近鉄長野線の喜志《きし》駅からバスが出ています。いまは廃寺となった広大な境内に壷井八幡宮と頼信、頼義、義家の墓があります。ブドウ畑に囲まれた義家の土饅頭型の墓がある一段と高い丘から石川の流域と大阪平野を眺めることができます。

加納諸平によって描かれた「癸未年鏡」

源氏三代からさらに下った徳川一一代将軍家斉《いえなり》の時代、時の紀州藩主は一〇代治宝《はるとみ》でした。治宝は安永元年（一七七二）、江戸屋敷で八代重倫の二男として生まれましたが、六歳で九代治貞の養子となりました。天明七年（一七八七）、一一歳の時、徳川一〇代将軍家治から一字をもらいうけて常陸介治宝と改名しました。

治宝は自ら「国学研究」に専念し、文化三年（一八〇六）に仁田好古、本居大平に『紀伊続風土記』の編纂に従事させ、また『紀伊国名所図会』の後編を加納諸平や岩瀬広隆（一八〇八年〜七七年、別名菱川清春）に新撰させました。その加納諸平が編纂した『紀伊国名所図会』の「隅田八幡宮」（三編二巻）に隅田八幡宮と癸未年鏡の由来が書かれています。

加納諸平が『紀伊国名所図会』を編纂した天保九年（一八三八）頃は、国内は百姓一揆、国外は外国船の来航によって激動の幕開けの時代でした。「隅田八幡宮」の説明には、広瀬広隆による隅田八幡鏡の詳細な模写図が添付されています。「癸未年」という文字がはっきり見えます。徳川家斉の文政六年は西暦一八二三年にあたり、干支は癸未年です。おそらくこの絵を描く時点で、画家の広瀬広隆も加納諸平も藩主の治宝も「癸未年鏡」をはっきり意識していたはずです。

郷土史家生地亀三郎

紀州藩主治宝の時代から約一五〇年後の昭和二九年（一九五九）一月、和歌山県橋本町教育委員会の生地《おいじ》亀三郎が『国宝人物画像鏡の出土地「妻の古墳」の研究』というタイトルの手書きの冊子を発行しました。生地亀三郎氏には金谷克巳という国学院大学考古学の助手との共著『紀伊の古墳1』（一九五五年七月、綜芸舎内、紀伊考古学研究会）があります。綜芸舎は考古学者としても知られている藪田嘉一郎の経営する出版社です。

ところがこの本は現在、愛知大学豊橋図書館に一冊あるのみです。経験をつんだ編集者であれば、何かのトラブルによって絶版回収の処置にあったのではないかと想像するのが普通です。つい最近、愛知大学図書館のSさんとの電話で、国立博物館に一冊あることを知らされましたので、国立博物館の資料館に電話したところ確かにあることがわかりました。しかし、現物はまだ見ていません。

生地亀三郎氏によって書かれた手書きの冊子『国宝人物画像鏡の出土地「妻の古墳」の研究』は、

約一万八〇〇〇字、四〇〇字詰原稿用紙で四五枚前後になります。この冊子の内容は、「天保五年ごろ、東儀左衛門の三男の瓦工場で働いていた一三、四歳になる東直右衛門が、粘土採掘の作業中、粘土の中にカラト（唐櫃）の中から鏡、直刀などを見つけ、しばらく自宅の米搗臼の重しにしていたが、隅田八幡宮に献納した」という村の伝承を生地亀三郎が検証したものです。天保五年というと西暦一八三四年です。

ということは、村の伝承は、古来隅田八幡神社に伝わっていたとする説と完全に矛盾対立することになります。広瀬広隆の描いた癸未年鏡は東直右衛門が隅田八幡神社に奉納してから四年後ということになります。私が生地亀三郎の冊子のことを知ったのは、二〇〇六年七月号の『季刊　邪馬台国』という古代史研究家として知られている安本美典氏が主宰する雑誌からです。私は橋本市教育委員会の大岡康之氏に直接電話をして、『国宝人物画像鏡の出土地「妻の古墳」の研究』のコピーを持っている守岡宣行氏を紹介していただきました。

これらの経緯は『隅田八幡鏡』に書きましたのでご覧いただければお分かりなると思います。守岡氏は私の求めに応じて、快く生地亀三郎の冊子のコピーを送ってくれたばかりか、妻の古墳について、自らの調査研究を冊子にしたものを私に贈ってくれました。その内容は橋本妻地区には巨大古墳があったが、鎌倉中期に破壊され南北朝動乱を経て室町時代には巨大古墳の周辺にあった陪墳もすべて破壊され田畑になったというものです。昨年の二月一四日、守岡氏の案内で橋本の妻地区を見学しました。

『隅田八幡鏡』では、癸未年鏡が埋葬か伝世か特定することはできませんでしたが、二〇〇九年二月二一日（土曜日）に約四〇〇通の隅田八幡鏡出版交流会の案内状を発送しました。以下は三月二八日（土曜日）の市ヶ谷のアルカディアで私が交流会の終る直前に出席者の皆さんに渡したものです。参考にご覧いただければ幸いです。

＊

『隅田八幡鏡』の出版交流会に出席の皆様、今日は本当にありがとうございました。心からお礼を申し上げます。ところで私に残されたスピーチの時間も限られていますので、私の出版人生の当初から「隅田八幡鏡」と少なからず奇妙で不思議な関係があったことをお話して私の挨拶とさせていただきます。話が横道にそれる場合のことも考え、スピーチは簡単にして、刷り物にしてお渡しいたしますのでパーティ終了後にお目通しいただければ幸いです。

今日は二〇〇九年三月二八日ですが、いまから四三年前の一九六六年四月はじめ、私は毛沢東語録でベストセラーを出した宮川書房という出版社に職を見つけました。会社は衆参議院会館の裏通りのＴＢＲというビルの四階にありました。当時すでに私は大学に通うのをやめて、いとこが経営する学習塾でアルバイトをしていましたが、ようやく本格的に働くことにしたのです。

編集希望でしたが、面接をした社長が「君は電話セールスがよさそうだ」と言って、その日、いきなり

『戦後日本教育史資料総覧』という六〇〇〇円の本の電話セールスを試験的にやらされ、その日から採用ということになりました。一冊二割五分一五〇〇円のコミッションを冊数に応じて週末に支給されるのです。翌日から原書房の学校名鑑を渡され、都内の小・中学校の校長先生に電話をしました。一日に電話を三〇件から四〇件ほどかけ、午後かその翌日に四冊ほどカバンに入れて江東・葛飾・荒川などの小学校を回りました。しかし支出命令書という書類のため入金は早くて一ヵ月後になるので、最初の一ヵ月は一銭もお金が入りませんでした。

しかし自分のアイディアで教科書関係の出版社や新聞社関係をマーケットにするようになってから、販売実績も先輩諸氏に追いつくようになりました。そうこうするうちに売る物がなくなったので、私は国立国会図書館の立法考査局農林調査局で出した文献資料からヒントをえて「戦後日本の農業と農政」に関する資料集を出したら、全国に農協八〇〇〇件、各市町村役場にある農業委員会四〇〇〇件、それにダイヤモンド社版会社録に掲載の数千の会社が販売対象になるにちがいないと考えました。

今日ここに出席していますが、私の高校時代からの友人皆川昭一さんが国会図書館前にある社会党機関紙『社会新報』の記者をしていましたので、私はちょくちょく彼に会っていました。そのころ彼から佐藤粂吉という彼の大学時代の先輩を紹介されました。その粂吉さんは、同じくここに御出席の葉山夫人のお連れ合いであります葉山岳夫弁護士と六〇年安保闘争のメンバーでした。

皆川さんと佐藤粂吉さんは東北大学で先輩と後輩の関係で皆川さんは川内分校（教養部）、粂吉さんは全学の委員長という関係であったと思います。葉山夫人のご出席につきましては本人からお話があると思います。佐藤粂吉さんと皆川氏と私と三人はよく一緒に食事をしました。粂吉さんはお酒が入り、話が昂じてブント初代書記長の島成郎や「六・一五国会突入」を指導した北大の唐牛健太郎のことになると、彼の目から涙がボロボロこぼれ落ちました。私と皆川氏は「また、始まった」とよく顔を見合わせたものです。

粂吉さんは百姓仕事（いまでいう農作業）をさせたらピッタリのがっちりした体格をしていました。目がパッチリとして歯並びのよいキレイな歯と秀でた丸い額の福島弁が印象的でした。話し出すともう止まりませんでした。当時、佐藤粂吉さんは神田あたりの印刷所か業界新聞かでアルバイトをしていました。そのころブント系の幹部は田中清玄から資金をもらって生活をしているというような噂が飛び交っていました。私は粂吉さんに農政資料の編集責任者として宮川書房に来てもらうことにしました。こうして粂吉さんをキャップとする粂吉さんの同郷のTさんと私と三人で、約五ヵ月ほどでB五判、二段組、八〇〇頁で八〇〇〇円の『戦後日本農政史資料総覧』を作りました。

全体の目次は佐藤粂吉さんがつくり、私は全体の三分の一にあたるGHQ指令の「日本農民の解放」から始まる第一部を担当し、粂吉さんとTさんは二部と三部を担当しました。三人は立法考査局の文献にしたがい国会図書館でとった新聞・雑誌、資料のコピーをつなぎ合わせました。この本は発行者を「戦後日本農政史刊行会」とし、会長に福田赳夫をすえ、冒頭に福田赳夫の「刊行のことば」をいれました。当時（一九六八年）、福田赳夫は佐藤内閣の幹事長をしていました。本はとてもよく売れました。一冊につき二〇〇〇円のコミッションが入るので、私たちは夜の新宿に繰り出しました。

電話セールスのメンバーのなかには、元銀行員、不動産屋、東宝の元映画助監督、河出書房の雑誌「知性」

の元編集者などさまざまな人がいましたが、平均年齢が四〇前後で、私は最年少の二〇歳代の半ばでしたので、大事にされ、可愛がられました。社長の宮川さんには、「朝が早いね」と言われ、よく小遣いをもらいましたが、私は早朝だれよりもはやく出社すると、勝手に風呂に入ったりしていました。社長はまだ若い三三歳前後のブラジル帰りの英語が堪能なダンディな人でした。ＴＢＲビルの同じ四階には中曽根康弘の緑風会の部屋があり、トイレで私はよく中曽根氏と遭遇しました。

またぞろ売る物がなくなりかけてきた頃、粂吉さんはある会合で会った木内信胤という元横浜銀行の頭取で世界経済調査会会長なる人物から「次は国字国語の本がよい」とアドバイスされたと興奮ぎみに私に話しました。そのころ、早稲田露文科の友人中井茂雄さんも私の紹介で宮川書房の編集部で働いていました。その中井さんが、たまたま、「国語問題協議会」の会員でした。木内信胤はその「国語問題協議会」の理事であることが中井さんから知ることができました。中井さんは三島由紀夫が大好きでした。私と彼は三島由紀夫でケンカをして黒沢明で仲直りしました。

「国語問題協議会」は、旧かなづかい・旧漢字使用を主張する組織です。そういえば三島由紀夫も旧かなづかい派でした。理事長は日本経済新聞の小汀利得で、理事に前東大フランス文学の市原豊太、東大中国文学の宇野精一、神奈川県教育センター所長の鈴木重信、元文部省主任教科書調査官の村尾次郎、東京大学国語学の築島裕、前東大国文学教授成瀬正勝、画家の林武、シェークスピアの訳者福田恆存などがいました。私はこのメンバーと一緒に林武画伯の招待で犬吠崎ホテルの一泊旅行に同行しました。

中井さんは事務局長の小学校の教頭をしている岩下保氏を知っていました。中井さんの紹介で私は岩下保氏の自宅によく伺い、夕食を御馳走になりました。いま考えてみますと、私は教師によく怒られ、殴られもして教師は嫌いでしたが、いっぽうでは小学校四年生の担任博田先生に可愛がられたことや当時校長として赴任してきた土田寛治先生、仲人の早大露文の金本源之助先生、そして石渡信一郎氏との出会いなど、教師が決定的なところで私を好運に導いてくれたことにつくづく感謝しなければなりません。

「国語問題協議会」の事務局には評論家兼作家の土屋道雄氏、麻布学園の国語教師近藤祐康氏がいました。私は佐藤粂吉さんと中井さんに「国語国字」の資料集を担当してもらうことにしました。しかし、まもなく宮川書房は倒産する破目になり、佐藤粂吉さんと中井さんは宮川書房を去ることになりました。佐藤粂吉さんと中井さんは対照的な性格でした。一方は弁舌さわやかで饒舌でしたが、一方は寡黙でした。しかし二人とも商売や会社人間としては不向きでした。ましてや電話セールスという仕事はとても二人には無理に思えたので、私は一切二人を誘うことはしませんでした。

電話セールスのグループは債権者の印刷会社に負債を返済する条件で、飯田橋にある印刷会社の一室を借りて、『戦後日本農政史資料総覧』の地方出張の販売経費と国語国字資料の編集・制作費を出してもらい、一九六九年一月『国語国字教育資料総覧』（八〇〇〇円）を出すことができました。資料の編集その他の執筆作業は、事務局の土屋道雄氏がほとんど一人でやりとげ、私は岩下保氏のアドバイスを受けて販売政策上必要な西尾実と久松潜一を監修者につけることに成功しました。しかし、この本は土屋道雄氏がいなければ完成しなかったと思います。土屋氏は防衛大学卒の研究者でしたが、その並はずれた集中力と持続力は、もし彼が別の学問を志していたならば、きっと大学者になったと思わせるような人物でした。

当時、西尾実先生の住いは高円寺近辺だったと思いますが、どのように行ったのか忘れてしまいました。ただ、覚えていることは、近くから電話を入れると「そこから何分、距離にして何メートル」と、とてもわかりやすい説明をされたことを覚えています。そして「福田恆存は私の教え子でかつ仲人までしてやったんだが、国字派になった」と私に熱心に話す様子は少しも嫌味がなく、私が先生に「監修者になってください」と何回も繰り返したせいか「うん」と言ってくれました。

先生はとても目が悪くなっている様子でした。私は先生がほんとうに監修者を引き受けてくれたのかちょっと心配でした。次の日、久松潜一先生を訪問しました。先生は私の住んでいる羽沢に隣接する小竹町に住んでいました。部屋に案内され挨拶が終ると私は開口一番、私の住いが羽沢町であることと、昨日西尾先生が監修者を引き受けてくれたことを話すと、先生はすぐ「いいですよ」とあっけなく了承してくれました。その日のうちに、西尾先生に久松先生も監修者を了承してくださったと電話で報告しました。

編集業務の間を縫って私も富山県・石川県・新潟県に出張して、旅館の玄関の電話ボックスから十円玉をつぎつぎに入れ、農協の組合長にセールスをしました。「福田赳夫の農業政策研究会」などと言って相手を呼び出すのですから、組合長は飛ぶように電話をとってくれます。切れ者の元日航職員は新婚ほやほやということもあり、博多にマンションを借りて九州全域の販売を受け持ち大いに稼ぎました。彼は私より一歳年上でしたが、私の面倒をよくみてくれました。

四二、三年前のことをくどくど思い出しましたのも、実はつい最近、ふとしたことから、本棚の隅にある『国語国字教育資料総覧』のケースに隅田八幡鏡の写真を使っていたことに気がついたからです。さらにケースを抜き取ると、濃紺の布製の表紙に隅田八幡鏡の箔押しをしてあるのです。当時、私はこの鏡についてまったく無知であったことに驚きました。もちろん、前記の「国語問題協議会」の理事の面々は、「隅田八幡鏡銘文」が日本でもっとも古い金石文であるがゆえに国宝であることを知っていたからこそ、鏡を表紙の箔押しに使ったものだと思います。

このことに気がついた私は、急に今回の交流会に佐藤粂吉さんにぜひ出席してもらおうという強い衝動を抑えることができませんでした。しかし、一〇年前、皆川氏と私と佐藤粂吉さんの三人が神保町で食事した後はまったく互いに音信不通の状態でしたので、連絡する方法が見つかりませんでした。神保町の会合で、粂吉さんの話から彼が釜ヶ崎で日雇い労働をしていたことや、草刈機の刃が石に当たりその飛び散った破片で重傷を負ったことを知りました。

粂吉さんの消息を探すことをほぼあきらめたころ、たまたま、パソコン検索で、「二〇〇六年六月一五日、デモに行こう」というキャッチフレーズで、粂吉さんが樺美智子さんの遺影をもって待機するという記事を目にしました。葉山岳夫弁護士ならばなんらかの連絡先を知っているのではないかと、三月八日付で『隅田八幡鏡』の出版交流会の案内を同封して送りました。ポストに投函する際、私は「もし、佐藤粂吉さんの連絡がわからないときは、葉山先生が出席するかもしれない」とふと思いました。

三月二六日の午後、葉山夫人から私の家に電話がかかってきて、「こんどのパーティに私が出席します」という電話の声でした。私は「それは大変うれしいことです。ちょうど桜も咲くことですからお待ちしています」と実際とてもうれしくなりました。葉山夫人は粂吉さんと連絡がとれなかったともなんとも言いませんでしたので、私のほうでも何もききませんでした。「実は私は大阪の出身ですが、私の祖先の武田の墓は、通法寺にあります。私は源義家のことをとても知りたいと思っています」と夫人。この言葉を聞いて、これぞ出版交流会の醍醐味なのだと私はつくづく思ったのです。「源頼義には義家・義綱・義光の三子がいます。三男の義光の子義業から佐竹が二男の義清から武田がでます」とつい興奮した私。葉山夫人の電話で話したことは、正確でないかもしれませんが、もし間違いがありましたら、私の耳のとても悪いことに免じて許していただきたいと思います。

（二〇〇九年三月二八日、『隅田八幡鏡』の著者・林順治）

2　都議会選挙顛末記

戦争世代の人たち

今日は二〇〇九年七月一二日、日曜日です。私は九一歳になる母を車椅子にのせて朝七時半に都議会選挙の投票に出かけました。母とはいっても私の実母ではなく妻の母親です。昨年までは教会の礼拝をかねて必ず選挙には行っていたのですが、暮れごろから足が弱り外を歩くことは困難になりました。このところ、たまに「ボケをこく」ことがありますが、それも朝起きたときぐらいです。私は丁寧に聞いてあげるように心がけていますが、妻は叱責します。すると私の顔を見て母はなんともいえないような笑いを浮かべて黙ってしまいます。「かわいいね」と私が言うと、妻は「ちっとも、かわいくなんかない」と言い返してきます。妻の母は大正七年東京麹町の生れです。

大正七年というと、西暦では一九一八年です。私がよく知っている人でその前後に生れた人をあげると、長兄英一が大正五年、二男雄二が大正七年、三男雄三が大正九年、四男憲四郎が大正一一年、長男英一の妻出子も大正九年、三一書房の創業者竹村一さんと作家の五味川純平さんが大正六年、写真家福島菊次郎さんが大正一〇年です。そう言えば、私と妻を仲人してくれました金本源之助先生も大正一〇年です。

この人たちのなかでまだ健在なのが、三男の雄三氏と出子さん（お姉さん）、福島菊次郎さんと金本先生です。言うなればこの人たちは満州事変から太平洋戦争にかけての戦争世代です。福島さんを例にあげると満州事変のときは一〇歳、太平洋戦争が始まったときはちょうど二〇歳です。金本先生はロシア語の院生だったこともあり、ソ満国境に召集されました。金本先生は瀬戸内海の生口島の生れです。同年代の仲間の半分は生きて帰れなかったそうです。先生は今年の九月、『アファナーシェフ民話集』全三巻を出版しました。

新聞報道

投票所はまだまばらでした。実は投票日の朝まで練馬区の候補者の名前がよくわからないのです。前日の夕刻、民主党衆議院議員秘書のTさんにケイタイで「誰に入れたらいいの」と聞いたら、「三人もいるので私もわからない。後で電話をします」と言うので待っていたのですが、今日の朝六時の留守電に「○○さんがよいのではないでしょうか、よろしくお願いします」というメッセージがはいっていました。「○○さんがいいらしいよ」と私。「私は自分で決めます」と妻。

こんな具合で母にも余計なことは一切言わず、それぞれ投票を済ませ、有楽町線新桜台駅の近くのコンビニで妻は母のほしいものをとってあげて、代金は自分で払わせていました。その間私は、東京、毎日、サンケイの各朝刊を買って、妻は巣鴨にある教会へ、私は車椅子を押して我が家に帰りました。新聞のテレビ番組はフジテレビが七時半から「麻生政権の命運握る一週間始まる」、TBSが八時から「麻生おろし加速」、テレビ朝日が一〇時から「サンデープロジェクト　六党激突！　麻生腹心菅氏に宣戦布告」とよくもわるくも麻生太郎が主役です。

朝日新聞は「首相、解散へ不退転の決意」が一面のトップ記事です。選挙当日のスクープらしいこの記事が何を意味するのか不可解ですが、その内容は「麻生首相は一一日夜、一二日の東京都議選戦で与党が負けても続投し、自ら衆院を解散する決意を自民党議員に伝えた」という内容です。信頼できる筋の情報と思われるだけに不信感が拭いきれません。この不信感は朝日新聞が昨年九月一八日の朝刊で報道した「来月二六日総選挙　三日解散　自公合意」というスクープ記事に端を発し、そのまま現在まで引きずっているからです。朝日新聞はよくこの手の報道をします。次の例は、政治・社会のニュースではなくつい二ヵ月前の古代史・考古学に関係するニュースです。

「やっぱり卑弥呼の墓？」（朝日新聞）

二〇〇九年五月二九日（金曜日）朝日新聞一面の上から五段目から八段目にかけて箸墓古墳のカラー写真入りの記事が出ました。「やっぱり卑弥呼の墓？」「奈良箸墓古墳　放射性炭素年代測定」「死亡と築造の時期一致」といわゆる卑弥呼＝箸墓古墳＝邪馬台国大和説を思わせる記事です。

「古墳時代の始まりとされる箸墓古墳（奈良県桜井市）が築造されたのは、二四〇〜二六〇年という研究を国立歴史民俗博物館（以下歴博、千葉県佐倉市）がまとめた」というのです。放射性炭素年代測定によると箸墓古墳の築造年代と二五四年ごろの女王卑弥呼の死亡時期と重なるというわけです。するると奈良桜井の箸墓古墳には邪馬台国の卑弥呼が埋葬されていることになります。

考古学上のスクープであれば、同時に社会面か文化欄に解説記事が出るのがふつうですが、今回はどこにも見あたりません。問題は「放射性炭素年代測定」がどのようなものか、この記事を読んだ人の九五％以上は理解できないことです。記事は「宮内庁指定の陵墓で本体調査はできない。周囲で出土した土器などを手がかりに、三世紀後半と見る研究者が増え、卑弥呼との関連が注目されるようになった」と、断定的な書き方をしています。

これでは読者を無視した無責任なまる投げ記事です。というのは、「放射性炭素年代測定による研究成果は、三一日にハワイで始まる放射性炭素国際会議と、同日に早稲田大学である日本考古学協会の研究発表会で報告される」という記事から、歴博の情報であることがわかります。せっかくの署名記事ですから記者の名前をあげておきます。また、そのためわざわざヘリコプターまで使ってとった写真ですから撮影者の名前もあげておきます。記事は「渡辺延志」、撮影した人は「寺脇毅」です。

「波紋を呼ぶ歴博発表」（毎日新聞）

その後、朝日新聞はこの記事に関する追跡記事を掲載しなかったと思うのですが、私が見逃したのでしょうか。もし私が見逃して言っているのであれば、この点について私は謝ります。この記事が朝日のスクープであることはＮＨＫが夜の七時のニュースで報道したのと、読売、東京、日経各紙の夕刊に掲載されたことからも明らかです。毎日はこの報道に加わっていません。

ところが二〇〇九年六月八日毎日新聞夕刊は、「波紋を呼ぶ歴博発表」「懸念される数値の独り歩き」

という見出しで次のように報道しました。

「国立歴史民俗博物館の研究グループが日本考古学協会の研究発表会で行った報告が波紋を呼んでいる。この通りなら江戸時代から論争が続く日本古代史上最大の謎、邪馬台国所在地論争は畿内大和説で決着するのだが……【伊藤和史】」と報道しています。毎日新聞の記事は、「炭素年代と実年代」のグラフやその説明をふくめて約三〇〇〇字の詳細なものです。記事の最後は次のように締めくくっています。

発表会の司会者、日本考古学協会理事の北条芳隆・東海大学教授は「会場の雰囲気でお察しいただきたいが、(歴博の発表が) 考古学協会で共通認識になっているのではありません」と、報道関係者に異例の呼びかけを行った。「箸墓＝卑弥呼の墓」説が独り歩きしかねないのを危ぶんだのである。

ジャーナリズムの原点から逸脱

毎日新聞の姿勢は賢明であるにしても、相変わらず邪馬台国論争がえんえんと続くのは、日本国家の起源と成立の研究にいまだに皇国史観が壁になっているのが最大の理由ですが、天皇家の出自と万世一系天皇神話との関係が解明されないまま、あるいは解明しようとしないまま現在の象徴天皇制にいたっていることです。しかもジャーナリズムがこの問題の本質を明らかにするのではなく、無責任なまる投げ報道を繰り返していることです。

毎日新聞夕刊記事の二ヵ月後の『文藝春秋』八月号の座談会（上田正昭×大塚初重×高島忠平）「卑弥呼の墓はどこだ」で、冒頭、大塚初重氏が「五月二九日の朝日新聞の記事を見て魂消《たまげ》ました。邪馬台国が畿内か九州かという論争がついに決着したのか、と思った方もいるでしょう」と言っていることからも、私が朝日の記事について話していることがけっして大袈裟なものでないことをわかっていただけると思います。しかし、『文藝春秋』の座談会も残念ながら通説の繰りかえしに終始しています。

ちなみに、五月二九日のスクープ記事から二ヵ月過ぎた八月六日の朝日新聞夕刊は、「精度高まる『歴史の物差し』」「考古学者から異論」などの見出しで、図表、写真をふくめて約二六〇〇字前後の解説記事を発表しました。「精度高まる……」からもわかるように、歴博の代弁に終始しているに過ぎません。この解説記事にいたっては、発表のタイミングやその内容の正確さにおいて間違っているばかりでなく、一般市民や大衆がいったい何を知りたがっているかというジャーナリズムの原点から逸脱した「恥の上塗り」と、私は思います。

問題だらけの「炭素年代測定法」

実は「放射性炭素年代測定」については、私のとっておきの話があります。ちょうど今から二年前の二〇〇七年の八月二二日、水曜日です。そのころ私は『武蔵坊弁慶』の出版を間近にひかえていました。「放射性炭素年代測定」と武蔵坊弁慶と歴博の見学とどのような関係があるのか不思議に思われるかもしれませんが、私は弁慶を桓武天皇の三八年蝦夷征討戦争によって連行されたエミシの末裔であると想定していたからです。

私にとって今年三月出版した『隅田八幡鏡』は『武蔵坊弁慶』の姉妹編です。いっぽうは国宝の金石文として、現在、上野国立博物館に展示されていますが、いっぽうの弁慶は実在したのかしなかったのかわかりません。しかし、日本の古代が朝鮮人渡来集団によって建国されたのであれば、縄文人＝アイヌ＝エミシは先住民です。なぜなら応神陵に埋葬された大王は、四六一年百済から倭国に渡来した昆支王であることがまぎれもない事実だからです。ちなみに津田左右吉は大和朝に対して、東北以北の異民族をアイヌ＝蝦夷としています。もう一度、本書「二―四　万世一系天皇と津田左右吉」をご覧ください。

日本古代の縄文・弥生・古墳時代の実年代を特定することはとても重要です。ところが二〇〇〇年に入ったころから、奈良国立文化財研究所（奈文研）は年輪年代測定法による古墳の年代を従来から一〇〇年前後遡らせました。二〇〇九年五月二九日の朝日新聞の報道は、これら一連の動きと無縁ではありません。しかし、問題なのは箸墓古墳だけが二四〇年代まで遡るのではありません。箸墓古墳の周辺古墳ばかりでなく応神陵も仁徳陵もその他すべての古墳全体の整合性を検証しなければならないはずです。

歴博で天皇夫妻に遭遇

二〇〇七年七月三日火曜日から九月二日の日曜日まで、歴博で「弥生はいつから!?――年代研究の最前線――」の展示会が開かれました。当然、年代測定方法による歴博の研究成果の展示をメインとします。その展示会を私は見学に行ったのです。とっておきの話とは、その日、私は天皇夫妻と歴博の坂道で遭遇したことです。おかしいと思ったのは、当日、佐倉駅を降りて交番で道を聞いたときと観光案内所で市内の地図をもらったときです。職員の対応が妙に落ち着きがなく、私をジロジロ見るのです。

案の定、歴博の坂道の両側に多くの警官が立っていました。一人の警官に尋ねると天皇が歴博の観覧に来るというのです。「ここにいてもいいのでしょうか」と聞くと「どうぞ、どうぞ」と若い警察官は愛想よく勧めるのです。「何かあるのですか」と尋ねると、「間もなく天皇が到着します」と言うのです。結局、天皇夫妻が入場するまで私もその他の見学者と一緒に歴博の入口で待たされました。つまり天皇夫妻を歓迎するかたちになったのです。警護の警察官は驚くほど友好的で和気藹々と市民や見学者に対応していました。

ですから、館内に入ってからも天皇夫妻を二度ほど至近距離で見ることができました。その近さはこちらが心配するほどでしたが、一瞬、職員も見学者も警察官も私もあたかも催眠術にかかったように穏やかなものやさしい気分になったのは不思議です。というのは、周囲がすべてにこやかに微笑んでいるからです。市民・見学者を巻き込んだ主催者側の見事な演出と言わざるを得ません。私は展示室を一通り見て、館内の食堂で昼食をとって帰ろうとしたのは午後一時過ぎでしたが、そのとき天皇夫妻がちょうど帰るときでした。

ということで、私はまた、天皇夫妻を見送るかたちになったのです。その間の私の滞在時間は約三時間ほどですが、天皇夫妻は、二時間ちかく「放射性炭素年代測定」の講義を受けたことになります。天皇夫妻が館内で昼食をとったとすれば、講義を受けた時間は一時間ほどかもしれません。天皇夫妻のこのような日程をだれが組むのか私にはわかりません。歴博が宮内庁を動かしたのか、天皇自ら見学を希望したのかもわかりません。

前方後円墳の開始はいつからか

歴博の元教授春成秀爾氏と今村峯雄氏には『弥生時代炭素14年代をめぐって』という著作があります。春成氏は歴博発行（二〇〇七年）の『時間の化石――弥生の年代を追う――』で弥生時代について次のように書いています。

> 日本列島において水田で稲作を始めた時代を弥生時代といい、その終りは前方後円墳を造るようになった時代の始まりで区切っています。弥生時代を早期、前期、中期、後期の四時期に区分し、炭素年代の測定結果を用いると九州北部では早期は前一〇世紀なかごろから始まり、後期は後三世紀に終ることになります。

『前方後円墳の世紀』（日本の古代全15巻・別巻1巻、森浩一編、中央公論社）という本があります。

この本の中で地理学者の日下雅義と人類学者の埴原和郎はとても示唆的なことを書いています。日下氏は、三章の「台地の変貌と古代人の営為」という論文で、『日本書紀』「崇神紀六二年」「応神紀一三年」の「依網《よさみ》」の築造は五世紀中葉から末期頃と推定しています。依網池は大阪市住吉区にありますが、日下氏はこの周辺一帯の開発が始まる時期と依網池の築造年代と一致していると指摘しています。

日本の古墳時代を前・中・後期に分類しているこの本の編者で考古学者の森浩一氏は、最終章の「古墳時代と前方後円墳」で「日本の古墳前期から中期の初めにかけての中国は、華北では五胡十六国時代（三一六～四三九年）であった」としています。森氏の視点にたてば、中期の応神陵は四五〇年代の築造となります。ちなみに石渡信一郎氏は応神陵（誉田陵）の築造年代を五〇〇年前後と推定しています。

弥生時代中期とは

古墳の発生は三世紀中ごろとか、三世紀末ごろとか、いや四世紀初めとかよく読んだり、聞いたりしますが、前期前方後円墳は先の春成秀爾氏の指摘する「古墳」の範疇に含まれているのでしょうか。森氏の記述からはそのことがよくわかりません。森浩一氏は大阪市平野区の加美遺跡の長形方墳を近畿地方の弥生式土器の中期後半に位置づけています。

森氏は、福岡県糸島郡前原《まえばる》町の三雲南小路遺跡の甕棺や春日市須玖岡本遺跡の甕棺など伊都《いと》王墓や奴《な》国王墓と同じ時期としています。このように森氏は加美遺跡や甕棺墓の時期を弥生時代中期として、前期前方後円墳の時期とはっきり区別していますが、春成氏と森氏の整合性はどうなるのでしょうか。

さらに人類学者の埴原和郎氏は四章の「骨から古墳人を推理する」で「日本人は二つの民族が混合した複合民族と考えられる。その基盤となったのは縄文人であり、もともと東アジア南部に起源をもつ原モンゴロイドである」と書いています。埴原和郎氏は「すると、日本人は原モンゴロイドと朝鮮を経由した北方モンゴロイドとの二重構造によって形成されたと理解することができる。そして古墳時代はまさにこの二つの集団が日本列島で混じり合い、政治・社会的には異文化との折衝による摩擦が生じ、生物学的には混血が起こった時代といえる」と指摘しているのです。

歴博の体質

これら地理学者・考古学者・人類学者の指摘する事柄と国に所属する機関である歴博の主張する卑弥呼＝箸墓古墳＝邪馬台国大和説との整合性はいったいどうなるのでしょうか。最近、ネット検索で知ったことですが、このところの歴博の発表に疑義をいだいているA教授が次のような注目すべき発言をしていました。この発言内容を読むと、私には「論理性」以前の「倫理性」の問題に思えます。

歴博は平成一六年から二〇年の五年間にわたり、総額四億二〇〇〇万円の「学術創生研究費」を得て、「弥生農耕と東アジア――炭素年代測定による高精度編年体系の構築――」の研究を推進している。一般の科学研究費が古代史と合わせても年間四億五〇〇〇万円程度なのと比較するならば、極めて重要視されている研究である。

Ａ教授は、歴博は異論があるにもかかわらず自ら主張してきたことのみに重点をおいて、研究を進めていると指摘しています。五月二九日の朝日新聞発表の数日前、私は箸墓古墳の南側の発掘現場を見学するため桜井駅から天理方面に向かうバスに乗りました。国道一六九号線の両側に「卑弥呼の里」の幟《のぼり》が間断なく立っています。箸墓古墳のバス停で下車して、現場と思われる場所に直行しましたが、すでに埋め戻したのでしょうか。何の説明板も表示もありません。市の埋蔵文化センターに電話を入れると、「発掘調査は中断している」との返事です。何の説明板も表示もない田圃のなかで私は呆然と立っていました。

わが友は川越藩家老の子孫なり

都議選当日の朝日新聞のスクープ記事から「放射線炭素測定法」の話になりましたが、選挙を済ませた私はコンビニで買った新聞を読み、テレビ朝日のサンデープロジェクトを見、一一時半ごろ妻がつくった弁当を食べてから一時半まで昼寝をしました。ちょうどその日は朝から曇り空なので池袋まで歩くことにしました。地下鉄有楽町線にそって小竹向原から池袋丸井店までおよそ四キロです。急がず歩いて五〇分です。途中で友人の小島君に電話を入れて池袋丸井店のはす向いにあるベローチェという喫茶店で落ち合うことにしました。彼は写真家ですが、いまほそぼそとやっています。結婚は一度もしたことがなくしたがって離婚したこともありません。

彼は私がはじめて勤めた出版社時代からの友人です。池袋駅からそう遠くないところに住んでいるのです。電話を入れると自転車に乗ってやってきます。創価学会員になってだいぶ経ちます。今日は上機嫌です。「全員当選?」と私。「多分」と小島君。いつもは一〇分ほど話をして別れますが、今日は彼の曽祖父で川越藩家老職にあった小島信義の話になり、彼と一緒に「小島信義」なる人物を調べるため都立広尾図書館に行く約束をしました。彼はのんびりした無欲な人間です。彼の曽祖父の川越藩家老は坂戸から川越まで馬で通勤したそうです。その馬屋がつい最近まで坂戸の実家にあったというのですから驚きです。

私はふざけ半分に彼を「殿」と呼んだりしますが、彼は私の頼みを断わったことはありません。彼と別れてから、東武デパートの旭屋、西武のリブロを回り、ジュンク堂で『天皇・天皇制をよむ』（東大出版会）を買って、そのまま明治通りを下り、千歳橋の手前で目白通りに入る右手の坂を上って学習院大学やJR目白駅の前を通りすぎ、環状六号線を横切ってから千川通りに入りそのまま西武線江古田駅近くまで歩き商店街を通って我が家に帰りました。このコースだと行き帰りで一二キロほどです。

民主党圧勝

その日、夜の一一時前後には民主党の過半数がほぼ確定しましたので、私はようやくベッドに入りました。翌日の朝刊各紙の見出しは、「民主圧勝　第一党」「自公、過半数割れ」「解散先送り論ひろがる。問責可決なら緊迫」と朝日、「民主圧勝　都議会第一党」「首相週内解散を決意」と読売、「自公、都議会過半数割れ」「首相進退波及も　民主圧勝第一党に」と毎日。「自公過半数割れ」「都議会、民主が第一党　麻生降ろし強まる」と東京新聞。日経はトップに「キリン、サントリー経営統合へ」をもってきて、「自民惨敗　与党過半数割れ」とする。「自公過半数割れ　民主第一党、五四議席」とサンケイ。

都議選の党派別当選者数をみると、合計一二七議席の内訳は、自民が四八議席から三八議席（うち新人四）、民主三四議席から五四（うち新人二四）、公明二二議席から二三（うち新人二）、共産一三議席から八（うち新人二）、社民〇議席、前回と同じ、ネット四議席から四（新人一）、諸派一議席から〇議席、無所属三議席から二議席（新人一）。

各党派の得票数は自民一四五万八〇〇〇（二五・八八％）、民主二二九万八〇〇〇（四〇・九％）、公明七四万三〇〇〇（一三・一九％）、共産七〇万七〇〇〇（一二・五六％）、ネット一万（一・九七％）、行革一一〇番三万一〇〇〇（〇・五五％）、社民二万（〇・三六％）、諸派一万四〇〇〇（〇・二六％）、無所属二五万（四・四五％）でした。有権者総数は一〇四六万九七二九人、投票者数は五七〇万五四四一人、投票率は前回の四三・九九％を上回る五四・四九％でした。

麻生降ろし激化

「首相の被ったダメージは深刻だ。静岡知事選挙での敗北に続いてのことであり、政権交代への有権者の期待の大きさがくっきりと浮き彫りになった」と朝日社説。「さきに党役員人事の断念に追い込まれた首相には、衆院解散に踏み切れるか、すでに疑問符がついている」と毎日社説。「自民党内で、解散の先送りをもとめる声や麻生退陣を前提とした総裁選前倒し論が強まるのは避けられない。首相が早期解散に打って出る強硬策をとれば、党は分裂を含めて大混乱に陥る可能性もある」と読売社説。

「異説ではあるが、私はポスト小泉の安倍晋三、福田康夫、麻生の三代にわたる首相が靖国神社参拝に踏み切れなかったことを大きな理由としてあげたい」サンケイ新聞政治部部長乾正人。ちなみに小泉純一郎→福田康夫→安部晋三の各首相は森喜朗の派閥清和政策研究会に所属しています。麻生首相が昨年九月二二日の自民党総裁選で森派の協力を受けて総裁になったのは知られたことです。

「自民惨敗で麻生降ろしが激化しそうだ。総裁選前倒しへ党両院議員総会開催の動きも出てこよう。そんな中、民主は今夕にも内閣不信任案を提出する。総選挙を前にだれが衆院を解散するかさえ分らない異常事態の様相だ」と東京新聞社説。「都議選直後の衆院解散を模索していただけに、この敗北は致命傷になりかねない。首相は自らの手で解散できるかは一段と不透明になっている」日経社説。

日刊ゲンダイ、スクープ！

ふだん私は社説をほとんど読みませんが、今回、各紙一通り目を通しました。以上の通りです。ここ二、三年、私は日刊ゲンダイをかかさず読んでいます。今年の初めごろから一〇円値上げして一三〇円になりました。日曜日が休刊で土曜日は一四〇円です。私は競馬はやりませんので、土曜日はちょっともったいないのですが、近くのコンビニや駅の構内で忘れずに買います。ところで、その日刊ゲンダイ（七月一一日付）に「飛び交う麻生『バカヤロー解散』説」という見出しで面白い記事が出ています。

「都議選の勝敗について、麻生さんはすでに『国政と地方選は別』という予防線を張っている。自公で過半数割れしても自分のせいじゃないと強弁する。もちろん退陣はない。各種世論調査でも、総裁選前倒しには反対が多い。だったら『オレが解散した方がマシ』と考えているのです」（自民党関係者）

いかにも自分勝手な麻生が考えそうなことだが、そうなると、都議選翌日、一三日の解散、八月上旬総選挙となる。天皇は海外公務中で一七日まで戻らないが、そもそも「天皇外遊中なら国事行為は皇太子で代行できる」という奇策の言い出しっぺは麻生本人だ。「麻生さんは『皇太子も将来を考えて解散を経験してもらった方が良い』と言わんばかりの強気の姿勢」（前出の自民党関係者）というから尋常でない。

この記事では自民党関係者が誰かわかりませんが、かなり真実性をおびています。はっきり言って大スクープです。事実、朝日新聞は一三日夕刊トップで「総選挙八月三〇日投票」「首相、与党と合意　七月二一日にも解散」とし、八月一八日を公示日としています。

読売の夕刊も「衆院来週解散八月三〇日投票」と「八月三〇日投票」は朝日と同じですが、朝日のように解散日を「二一日」と特定しないで「来週以降」としています。毎日新聞夕刊は「首相『解散近く判断』」という見出しで、東京新聞の夕刊と同じように投票日・解散日については言及していません。

「天皇の海外公務」

すると一二日（都議選）の朝日朝刊のトップ記事に、一一日の日刊ゲンダイの「天皇外遊」をふくめた記事と一三日の朝日と読売夕刊の記事をプラスすると状況はかなりはっきりします。それでは、なぜ、麻生首相は一三日に解散しなかったのでしょうか。どうして二一日を解散予定日としたのでしょうか。これには「天皇の海外公務」が関係しています。主要メディアは、カナダにおける天皇の訪問先を逐一報道しています。

一四日の朝日新聞によれば、麻生首相は午前中までは「週内解散、八月上旬投開票」のつもりでした。というのは、一三日の午前一一時すぎ、麻生首相は官邸執務室で細田博之幹事長と大島理森《ただもり》国会対策委員長に、「党内がゴタゴタするなら今週中に解散したい」と切り出しました。民主党が提出する首相問責決議案に対抗する形で、自民党内の「麻生降ろし」を一気に封じることができるからです。

都議選の壊滅的な敗北のショックからできるだけ時間をおきたいと考える公明党の意向をくんだ大島国会対策委員長は、「公明は『八月三〇日投票』なら容認する」との感触を首相に伝えました。しかし、八月三〇日を投票日にするには、逆算すると、解散は週明けに先送りしなければなりません。一三日にこだわる首相は大島と細田の三者会談で解散を週明けとすることに妥協しました。首相は他の党役員ならびに公明党の太田代表、北側一雄幹事長を呼び、同意を取り付けたのです。

しかし、週明け二二日（火曜日）の解散まで、一三日を入れて八日あります。何が起きるかあぶない選択です。一八（土）、一九（日）、二〇（月）は三連休です。二〇日は海の日だからです。すると一三日（月）、一四日（火）、一五日（水）、一六日（木）、一七日（金）の五日間をしのがなければなりません。

天皇一行の首席随員は元首相福田康夫

八月上旬投票を嫌ったのは公明党だけではありませんでした。自民党最大派閥の町村信孝派も「一四日解散」の可能性があると見て、森元首相は解散先送りを首相に伝えるよう同派閥出身の細田幹事長に託したのです。

麻生首相はほんとうに一三日か一四日の解散を望んだのでしょうか。彼はその選択が党内の猛烈な反発を呼び起こすことを知らないはずはありません。かといって一日でも解散日を先送りすることはそれだけ身の危険が高くなります。それではなぜ麻生太郎は無駄とも見える五日間をしのぐことを可能とする方法を見いだしたのでしょうか。

天皇は七月三日午後二週間の予定で羽田空港から出発しました。帰国するのは七月一七日（金）です。空港の貴賓室での出発行事には、麻生首相、衆参両院議長らが出席しています。天皇一行の首席随員として元首相福田康夫が同行しています。麻生首相の見送りの言葉を受けた天皇は「私たちの訪問がカナダと日本の相互理解と友好関係の増進になるよう願っています」とあいさつしています。

麻生首相の姻戚関係

麻生首相は母方に曽祖父牧野伸顕《のぶあき》をもっています。明治の元勲大久保利通の第二子である牧野伸顕は娘婿に吉田茂がいます。吉田茂が麻生太郎の母方の祖父であることは誰でも知っていることです。牧野伸顕は大正一〇年（一九二一）に宮内大臣に就任し、大正一四年内大臣に転じて昭和一〇年（一九三五）まで在任しています。牧野にたいする昭和天皇の信頼は大きく、牧野の退任を聞いた昭和天皇は涙を流したという逸話までのこっています。牧野は宮中、外交関係に絶大な影響力をおよぼしたのです。しかも麻生太郎の妹信子は寛仁《ともひと》親王に嫁いでいます。寛仁親王は昭和天皇の弟三笠宮崇《たか》仁《ひと》の第一子です。ですから現在の天皇と寛仁はいとこ関係になるのです。

麻生太郎がいばったものの言いかたをするといってマスコミは揶揄《やゆ》していますが、麻生太郎は憎まれることを知って振舞っているのです。彼にとって漢字の読み方を知らないと馬鹿にされても気にしないのです。なぜなら、自分は漢字の読み方などこまごましいことを習う必要のない身分にあったことぐらい、国民大衆は知っているだろうと思っているのです。

「不謹慎」という名の暗黙の了解

七月一一日付の日刊ゲンダイがスクープした「天皇外遊中なら国事行為は皇太子で代行できる」と

言ったという麻生太郎の発言はとても真実性をおびています。それは麻生太郎が天皇家に大きな影響力をもっているということを自慢しているのです。公明党の幹部太田昭宏も北側一雄も自民党最大派閥の町村信吾も森元首相もそのことを知らないわけはありません。森喜朗にいたっては「日本は神の国だ」と言って顰蹙をかった人物です。

彼らが天皇不在中に解散などできるはずがないし、させようとしなかったでしょう。また、麻生首相が天皇家と親戚関係にあるからといって、彼の我がままを許すはずがないのです。彼は森派の支持があって首相になったからです。天皇は七月一七日（金）に帰国するのです。土・日・月三連休の後の七月二一日こそ、麻生太郎も森も町村も大島もそして公明党の幹部一同の意見がまとまる解散の日なのです。彼らが「天皇が外遊中だから」と口に出して言ったかどうかは定かではありません。しかし麻生太郎は言ったでしょう。

「天皇外遊中なら国事行為は皇太子で代行できる」という麻生太郎の発言に、与党か公明党の誰かが「七月一七日に帰るのだから、それはまずいでしょう」と言ったかもしれません。あるいは「まずい」を「不謹慎」と言ったかもしれません。「天皇海外公務」が七月二一日解散、八月三〇日投開票になった決定的な理由ではないですが、暗黙の了解事項には十分なりえたはずです。大切なのは「暗黙の了解事項」であることです。

「オピニオン」（朝日新聞）

都議選から二日経った七月一四日の朝日新聞朝刊は、さっそく二人の識者、御厨貴東大教授と学習院大学教授の佐々木毅を「オピニオン」に登場させています。東大教授といっても、御厨氏の肩書きは「東京大学先端科学技術研究センター教授」です。どんな研究をするところかわかりませんが、氏の政治分析は定評があり、『天皇の政治』という本もあります。

二〇〇一年一二月二三日の誕生日を前にした現天皇が、日韓共同開催のサッカーワールドカップ前の記者団による質問に答えました。天皇が「私自身としては、桓武天皇の生母が百済武寧王の子孫であると、『続日本紀』に記されたことに、韓国とのゆかりを感じています」と答えただけですが、日本のマスコミは大騒ぎしました。そのとき、識者の一人として朝日新聞から取材をうけた御厨氏は「百済の武寧王と皇室とのゆかりにふれたくだりはやや踏み込んだ印象」と発言しています。

氏は、天皇と皇室・皇族の存在を抜きにして近代日本の政治を語ることができないと考える政治学者です。氏は『戦後政治の総決算』という本でサントリー学芸賞を受賞しています。いっぽうの佐々木毅氏は元東大総長ですが、マキャベリの研究では塩野七生《しおのななみ》と同じですが、氏は南原繁→丸山真男→福田歓一ら東大法学部政治学の本流を歩んできた学者です。

佐々木氏は秋田県横手盆地北部の美郷町の出身ですが、私は一〇キロ南の雄物川町です。私は横手高校ですが、彼は秋田高校です。年齢もさほど変りません。すくなからず関心をもたざるを得ません。朝日新聞「オピニオン」における「戦後政治の総決算」としての政治分析は、彼の政治学者としての洞察力をいかんなく発揮した好論文です。この点、七月一四日の朝日新聞朝刊におけるこの二人の識者の登場はベストだと思います。

この「都議選顛末記」では天皇問題につよい御厨氏のインタビューを手短に紹介してひとまず終えようと思います。御厨氏は天皇について直接は言及していません。大新聞のインタビューで天皇の話は気がひけるのでしょうか。「天皇と皇室・皇族を抜きにして近代日本の政治は語れない」という彼の発言はどうなっているのでしょうか。御厨氏は麻生首相の解散決断を「グッド・ルーザー」と位置づけています。誉めているのか、貶《おとし》めているのかわかりませんが、いずれにしても、八月三〇日の総選挙後の政権交代後に起きる政治状況を見据えてのことでしょう。

「グッド・ルーザー」とは？

「麻生首相が事前に解散・投開票日を「告知」する挙にでました、どう評価しますか」と記者。「今回ばかりは麻生首相が初めて政治家らしい決断をしたのだろうと思う。先手を打って解散を宣言した形だ」と御厨氏。「祖父・吉田茂が終戦に際して言った『負けっぷりをよくする』ではないが、『グッド・ルーザー』ということではないか」

「『解散告知』とはあまり聞いたことはありませんが」と記者。「自民党がほんとうに死に体なら、首相のいいなりになる。一日、二日のうちに反対派がグループを作り、麻生をおろして声明を出し、運動を展開したはずだ。それができないなら、状況を規定した麻生首相の方が強い」と御厨氏。

「このタイミングをねらっていたのでしょうか」と記者。「間違いなくそうだろう。日程的によく練られている。首相はサミットに行って帰ってきて、都議選を挟んでずーと首相公邸にこもっていた。そこで何を考えていたか。都議選の結果次第で判断するのではなく、都議選が終ったら告知しようと思っていたのだろう」と御厨氏。

「麻生首相はこういう行詰った時の戦いは案外つよいのかもしれない。自民党の多くの議員はこの告知にぼうぜんとしているようだ。負けるかもしれない戦いに断を下したのは、首相だし、解散せずにこのまま退陣したら、彼のこの後の芽はもうない。安倍晋三、福田康夫と二代の首相が途中退陣したが、ひょっとするとグッドルーザーとして生き残れるかもしれない」と御厨氏。

3 写真家福島菊次郎さんを訪ねて

油宇村の陸奥記念館

私は山口県柳井市に住んでいる福島菊次郎さんを訪ねることにしました。今回をふくめると四度目になります。しかし、四度目といってもそのうちの一回は、福島さんに黙って彼が一時期住んだ片山島を見るためでした。無人島の片山島を見るには、JR山陽本線柳井駅の二つ手前の大畠《おおばたけ》から大島に渡り、島の東端に位置する伊保田港のある油宇《ゆう》という村までバスに乗らなければならないのです。

油宇村の入口には陸奥記念館があります。戦艦陸奥は戦艦長門の姉妹艦として造られた大和・武蔵に次ぐ大きさの戦艦ですが、大正一〇年に完成しました。陸奥がことさら有名になったのは、昭和一八年六月八日、周防大島近くの柱島に停泊中の戦艦陸奥が謎の爆発を起して沈没したからです。犠牲者はほぼ全員の一一二一名でした。その事件の詳細は吉村昭の『陸奥爆沈』に書かれています。シブヤン海で数百機のアメリカ軍の爆撃で撃沈された武蔵も、三〇〇〇名の乗組員とともに九州西南海岸で撃沈された大和も柱島停泊地から出撃しました。

戦艦陸奥は昭和二四年から一部引き揚げが始められましたが、水深四〇メートルの海底作業のためまもなく中止されました。しかし昭和四五年からふたたび開始され、艦体の七五%が引き揚げられました。それらの遺品を陳列するための陸奥記念館が昭和四七年に油宇村に開館されたのです。「陸奥」

という名のとおり、関東、東北、北海道出身者の多い乗組員や歴代艦長の写真を見ながら、私は正直に言ってこの爆沈は一乗組員の怨念か犯罪隠滅の自爆と直感しましたが、アメリカの潜水艦がすでに広島湾に潜入していたのではないかと思ったりしました。

というのは広島湾岸には日清戦争の時から出征兵士や物資輸送の拠点となった旧宇品港（広島港）、明治二二年の呉鎮守府、明治三三年に誕生した呉海軍工廠がありました。そして、広島湾には金丸島、峠島、絵の島、大奈佐美島、小黒神島、能美島（江田島）、西能美島、東能美島、大黒神島、倉橋島、情島、阿多田島、猪子島、厳島、長島、沖野島、甲島、そして周防大島に近い柱島など大小数々の島々が浮び、古来それぞれの役割を果たしてきましたが、明治時代になると自然の利に恵まれたこの地は、軍港として一躍注目を浴びるようになったのです。ちなみに民俗学者として大きな業績をあげた宮本常一は周防大島の東和町長崎の生れです。

州鼻という瀬戸内海の漁村に生れて……

冒頭からこんなことを話すのも、福島さんは一九二一年（大正一〇）、周防大島《すおうおおしま》から三五キロ西の下松《くだまつ》半島の州鼻《すばな》という漁村に生れたからです。そこは「周防天橋立」と呼ばれた白砂の八〇〇メートルほどの細長い松原のなかに三〇戸あまりの家が点在する海がすぐ庭先ののどかな漁村でした。福島さんは瀬戸内海でも類いまれな美しいかつ魚類の豊富な州鼻で幼少年期を過ごしたのです。

二歳のとき網元の父を亡くした福島さんは小学校を卒業すると防府《ほうふ》市の時計屋に丁稚奉公に出され

ました。しかし生来わがままいっぱいに育った福島さんは徒弟制度を嫌って、三年目に東京に家出しました。深川の新聞屋に住み込んで専門学校の検定試験を受けようと思い三年間予備校に通いました。しかしこんどは満州事変が勃発したので故郷の下松に帰りました。

昭和一九年（一九四四）四月、二三歳の福島さんは第五師団広島西部第一〇部隊に召集されました。翌年、広島原爆投下七日前の一九四五年七月三〇日の夜、福島さんたちは九州東海岸まで貨物列車で運ばれ、米軍上陸に備えて蛸壷壕を掘らされました。真夏のジリジリ照らす太陽の下で、長い海岸線に一〇メートル間隔に自分たちが掘った穴に爆雷を背負い手榴弾を持って入るのです。福島さんはその蛸壷壕のなかで八月六日の広島の原爆投下を知り、八月一五日の天皇の「終戦の詔勅」を聞きました。

無人島片山島に入植

油宇村の入口にある陸奥記念館の話から横道にそれてしまいましたが、現在、伊保田港には岩国・松山間を運航する快速艇が寄港するので、伊保田で乗船すると約四〇分ほどで松山の三津浜港に到着します。船は伊保田を出航してすぐ二つの島の間を通過すると針路を南に変えますが、左手に見える島は情島《なさけじま》で右手の島は島のように見えますが、細くのびた周防《すおう》大島の突端です。しばらくして船の進路右前方に見えるのが片山島です。オタマジャクシのような形をした片山島は周囲三キロ足らずの島です、地元では片山島とは呼ばず片島と呼びます。

福島さんは一九八二年、六二歳のとき東京でのカメラマン生活を捨て、無人島の片山島に入植しました。私が人権一一〇番の千代丸健二さんの紹介で写真家福島菊次郎さんと初めて会ったのは、一九七九年夏ごろですから、福島さんはその三年後に片山島に移住したことになります。当時、千代丸さんは二見書房から『無法ポリスとわたりあえる法』で一〇〇万部のベストセラーを出しました。「免許証の提示は任意か強制か」「強制であればその根拠を示せ」という論法は、警察対抗法として全国津々浦々のドライバーにアピールしたのです。

私は、赤坂見付で開かれていた写真展示場の福島さんを訪ねました。福島さんの意向は、それまで撮った写真の集大成として「戦後日本を考える」というシリーズで出したいということでしたが、編集会議ではさしあたり『公害日本列島』、学生運動をテーマにした『戦後の若者たち』を出版してしばらく様子を見ようということになりました。

『公害日本列島』は一九八〇年三月に出しましたが、刊行後三ヵ月で重版が決まり、つぎに『天皇の親衛隊』を出しました。これも重版になりました。引き続きリブとフウテンやアングラやフリーセックスをテーマにした『戦後の若者たち　パートⅡ』を出しました。こうして立て続けに五冊ほどの写真集を出し終えたころのある日、水道橋からさいかち坂を上りきったところの三一書房に隣接した駿河台アテネフランセ前の日本医事新報社ビルにある二階のレストランで、「生れ故郷の下松からさほど遠くない、東和町の……」と、福島さんはいくつかの無人島の名前をあげました。

なにしろ、突然でもあり、東和町がどこなのか、当時、何の知識もなかった私の頭のなかはぼんやりしていたのだと思います。その無人島の名が、神島なのか、片島なのかうろ覚えなのです。福島さんは、「その島は水がないので井戸を掘らなければ暮らせない。井戸掘りの途中死んでしまうかもしれない。倒れても誰も知らせる者もいない。しかしそこで生活できるかは井戸掘りにかかっている」と私に話し、「無人島体験記の原稿を送るので、出版を頼む」ということがその時の話でした。福島さんは真剣だったのでしょうが、私はいい加減でした。それに当時、田舎暮らしがはやっていたからです。

『ヒロシマの嘘』

私は福島さんが写真のキャプションを書くのでさえかなり苦労しているのを知っていましたし、誤字脱字は少ないとはいえ、けっして読みやすいとはいえない彼の原稿を何百枚も読まなければならないと思うと、きっと原稿は完成することはないだろうと思っていました。それが大きな私の誤りであったことは後でわかりました。というのは、ワープロで入力した原爆ヒロシマと自らの戦争体験を綴った『ヒロシマの嘘』はまれにみる傑作だったのです。

アテネフランセの前のレストランでの会合を最後に、私は福島さんのことはすっかり忘れていました。八、九年経ったころ、誰から聞いたのか思いだせませんが、福島さんのことをちらほら聞くようになりました。井戸掘りは失敗し、その上、胃がんの手術で島から東和町に引き上げているというような話です。東和町がどこにあり、いったい無人島がどこなのかずっと調べもせず、また、福島さんからも何の連絡もないまま、あっという間に二〇年の歳月が経ったのです。ただ、このころ、新聞紙上で福島菊次郎の「天皇の戦争責任を追及する写真展」が右翼の妨害にあったという記事を見るようになりました。

　二〇〇一年（平成一三）の秋ごろ、福島さんと同県出身の『週刊金曜日』の山中登志子さんから、「福島さんが上京するので、ぜひ、一緒にお会いしましょう」と誘われましたが、その頃、会社が労使紛争に株主を巻き込む争いに発展していましたので、山中さんの誘いを断わりました。当時、私は人前に出るのは極力さけていました。そればかりか天皇を追求する写真展のボランティアのグループと三一書房の支援労組とつながっているのではないかと私は少なからず怖れていたのです。

『ヒロシマ』のプラトン・カラターエフ

　私は争議のため従来の編集の仕事がほとんどできなくなったので、やりかけていた石渡信一郎氏の古代史上の発見をたどる『馬子の墓』を書き上げていました。それが『義経紀行』とつながり、二〇〇四年四月に『漱石の時代』を出版しましたが、すでに二〇〇三年の末には『ヒロシマ』を書こうと決めていました。『漱石の時代』が都内の書店に並び始めたある日、池袋旭屋書店の近現代史関係の棚に福島さんの『ヒロシマの嘘』を発見したのです。ちょうどその棚の下の日露戦争コーナーに『漱石の時代』が平積みになっていました。

　私の次のテーマが「ヒロシマ」であったのと、『漱石の時代』が『ヒロシマの嘘』の近くにあったことが、『ヒロシマの嘘』を早く発見するきっかけとなったのです。奥付をみると「二〇〇三年七月」とあります。

私はすぐ版元の現代人文社に電話を入れて社長の成澤壽信さんを呼び出してもらいました。

私は成澤さんとは同志社大学教授の浅野健一さんを通して知り合いでした。当時、成澤さんは日本評論社の『法学セミナー』の編集長をしていましたし、浅野さんは共同通信社の外信部の記者をしていました。

そのころ私の担当した浜田寿美男さんの『自白の研究』を成澤さんが『法学セミナー』で三回にわたって特集を組んでくれましたので、A五判、七〇〇頁、七五〇〇円という高価格にもかかわらず、この本は四回も版を重ねました。私は成澤さんから福島さんの住所と電話番号を教えてもらい、その日のうちに福島さんに電話を入れて、翌日には福島さんの住む柳井に向いました。私はこれから会おうとする福島さんに、『ヒロシマ』のプラトン・カラターエフになってもらおうと考えたのです。

プラトン・カラターエフはトルストイの『戦争と平和』の最後の場面に登場する足の曲がった犬と行動をともにするフランス軍の捕虜となったロシア民衆の体現者であるからです。この時が柳井の福島さんを訪れた最初でした。すでに福島さんは次作にとりかかっていることを知りました。次作はアテネフランセの前のレストランで私に話した片山島入植記でした。

なんとこの本は『菊次郎の海』というタイトルで七月中（二〇〇五年）に刊行されるというのです。私は『菊次郎の海』と同じ年の一一月に刊行予定の『ヒロシマ』の最後の章「第14章　写真家福島菊次郎」に次のように書きました。Iが『ヒロシマ』からの引用で、IIが二〇〇五年七月一五日発行の『菊次郎の海』の「あとがき」からの引用です。

Ｉ　私は福島菊次郎の『ヒロシマの嘘』を読んで、あることに気がついた。それは彼の八〇年の人生がおおよそ二〇年ごとに四つに分けることができることである。下松に出生してから徴兵されるまで、徴兵から一九六〇年の上京まで、六〇年安保から八二年の無人島入植まで、そして無人島片山体験から『ヒロシマの嘘』の執筆開始までである。

しかしもっとも重要なことはいま福島菊次郎は五つ目の人生となる執筆の時代にのぞんでいるという驚嘆すべき事実だ。読者の皆さんはまもなく私の『ヒロシマ』が出る前に、福島菊次郎の第二弾、『菊次郎の海』を読むことができるだろう。彼は現在、八四歳である。高齢の人間が物を書くことに驚いているのではない。彼の斬新で研ぎ澄まされた精神と批判力、ドキドキさせるような描写力、そして記憶力とその表現の正確さに驚くのだ。

いったいこの記憶力と観察力は、彼のもって生れた天性なのか、時代が彼に要請した能力なのか、それとも写真家という職業に必要な諸技術の結果なのか、私は本も少なくカメラもない時代の『才智あふれる郷士ドン・キホーテ・デ・ラマンチャ』を書いたセルバンテスのことを思う。セルバンテスは二四歳の時、レパント海戦で左腕の自由を失った。四年間の兵役を終えてスペインへの帰途、アルバニア人の海賊の捕虜となり、さらに五年間の奴隷生活を強いられた。セルバンテスが『ドン・キホーテ』を出版したのは、一六〇五年の五八歳の時であった。（中略）

セルバンテスは、いかにして人生の終わりに『ドン・キホーテ』を書くことができたのか。晩年のセルバンテスに何故このような豊かで強い作品を生みだす力が残っていたのか。その秘密は、セルバンテスの脳のなかにあらゆるその決定的瞬間をその都度、カメラのレンズを通して鋭敏にシャッターを切ることができるシステムがセットされていて、それがそのまま『ドン・キホーテ』を書くまで記憶の底に保存されていたと考えるほかにない。

その何十万枚、何百万枚のネガフィルムが、セルバンテスの晩年の暗い牢獄のなかで、突如、再生されたとしか考えるほかない。それは確かに記憶の再生ではあるが、いまこれから体験するかのように生き生きとしているのはただ創造の奇跡としか言いようがない。

Ⅱ　「日本は天皇を中心とした神の国」などと時代錯誤の発言を繰り返している小泉派の領袖・森喜朗と「日本列島を不沈空母にして日米安保条約を守る」とレーガンに忠誠を誓い国民の命を売った中曽根康弘がそれぞれ、自民党の新憲法制定の起草委員会と前文担当の小委員長に就任し、憲法改正の政治日程が始動した。自衛隊が「自衛軍」という名の軍隊に生まれ変わり、集団自衛権はそのまま「解釈」で運用するのだそうで、またもや嘘の上塗りである。世界のどこかで戦争をしていなければ国家経済が維持できない米国と軍事同盟を結び、国是である憲法は天皇条項以外はすべて拡大解釈、空洞化された。（中略）

『菊次郎の海』を一年がかりで書き上げ、一息ついている。『ヒロシマの嘘』の出版を契機に、「写真でみる日本の戦後」がピースボートで世界を一周、福竜丸記念館、平塚、茅ヶ崎、京都を巡回し、東京・日本橋に写真資料館が開設できそうである。二〇年前、東京を捨て、「敵前逃亡」した古傷も疼いている。

もし、実現すれば東京に移住し、人生を終えることになる。

三一書房の林順治氏に「『ヒロシマの嘘』を一挙に読みました。偽りなく昭和史の傑作です。生き永らえてこのような本を書くことができたのは、もし、神が存在するとすればその恩恵としか言いようがありません」との感想をもらった。神が『ヒロシマの嘘』を書かせてくれたのだと知り、無神論者の僕は心を洗われたように嬉しかった。『菊次郎の海』もきっと神様が書かせてくれたのだ。

源氏三代の墓通法寺を訪ねて

二〇〇九年七月二〇日、月曜日の海の日、私は七時三分東京発岡山行きの「ひかり」に乗りました。今回は大阪駅前のホテルに一泊して翌日の朝に柳井に向かうことにしたのです。というのは、私がかつて泊まったことのあるホテルから誕生日五〇％引きのハガキが送られてくるからです。自分でもよくわからないのですが、今回の福島さんの訪問は、源氏三代の墓がある通法寺とセット旅行でなければ気持がおさまらなかったのです。

福島さんと源氏三代頼信・頼義・義家とはなんの関係もありません。あるとすれば、福島さんがよく「僕は村上水軍の末裔だ」と自慢そうに言っていたことぐらいです。源氏が瀬戸内海の覇権を平家から奪還するために村上水軍を影響下におかなければならなかったことは事実です。

通法寺は応神陵が近い近鉄南大阪線の古市駅で乗り換えて一つ目の駅喜志で降ります。ただ、大阪阿倍野駅からは河内長野行きがたくさん出ますから古市で下車する必要はありません。古市から金剛山地二上山の谷あいを通過して奈良の橿原神宮駅にいたるのが近鉄南大阪線で、金剛生駒山地を左手に眺めて南下するのが近鉄長野線です。この古市・河内長野間の長野線は河内長野駅で南海高野《こうや》線に合流します。高野線は橋本駅を経て高野口まで行きますから、橋本駅でＪＲ和歌山線に乗り換えると二つ目が隅田八幡神社に近い隅田駅です。

通法寺は古市駅の東方にある玉手山丘陵の南方、飛鳥川沿いの近鉄南大阪線と石川沿いの長野線の中間に突出した金剛山地二上山の西山麓の丘陵地帯にあります。この周辺一帯は現在ブドウ畑になっています。私が通法寺を訪問するのが好きなのは、通法寺の北側の高台にある壷井八幡宮の階段を上りながら、応神陵に埋葬された昆支と昆支とともに、幾万とも知れぬ百済住民が河内湖の干拓事業に邁進したことがイメージできるからです。

この百済住民こそ源氏三代の祖先であったに違いないと想像できるばかりか、この源氏三代は関東平野を拠点に東北南部から岩手県および私の故郷横手盆地の征服者であり天皇家と藤原氏の爪牙であったことをまざまざと思い起させるからです。

通法寺訪問は今回で三回目です。前回と全く同じコースを喜志《きし》駅から歩いて、頼信→義家→頼義→壷井八幡宮をまわって帰りはバスで喜志駅まで帰りました。今回は『隅田八幡鏡』の出版交流会に出席してくださった葉山夫人の祖先武田家の墓が通法寺にあると聞いていましたので、その墓を見つけるのも目的の一つでした。夫人から前もって聞いておくべきでしたが、そうしなかったのと、前日の豪雨のため地面が滑りやすく生い茂った木の葉から雫が滴り落ちるので、長くいることができませんでした。

雲に覆われた広島の山々

翌日、大阪発広島行き七時三三分発のひかりに乗車しました。ところが山口県地方の集中豪雨のため、岡山駅で三〇分ほど停車しました。その間、ほぼ満員の博多行きののぞみが同じホームに入ってきました。私の乗った車輌には私と二、三人の客だけでしたが、車掌がやってきてのぞみに乗り換えるように指示しました。

私たちが博多行きののぞみに乗り換えると、ついさっきまで乗っていたひかりは、東京行きののぞみに早がわりして発車しました。するとほぼ同時に私たちが乗り移った博多行きののぞみも発車しました。しかし、福山で一五分、広島駅の一つ手前の駅を発車して間もなく一五分ほど停車して、結局、私は約一時間遅れで広島に到着しました。博多行きはすべて運行中止というアナウンスが繰りかえされ、ホームは大阪・東京方面の乗客であふれかえっていました。

私は福島さんにはこの日の一一時には福島さんのアパート、シャトル天神につくことを半月前からFAXで知らせていましたので、予定の変更を福島さんに連絡しなければなりませんでした。山陽線の改札口で岩国から先は運行中止ということがわかったので、東京の妻から「今日は広島に泊まり明日訪ねる」ことをFAXで知らせてもらいました。

FAXを使うのは福島さんの耳の聞こえる状態がとても悪くなっているからです。そのため電話で会話することができず、このところ福島さんの体の状態がどの程度なのか把握できなかったのです。広島の空も厚い雲がかかりときおりにわか雨が降っていました。私は駅の並びにあるビジネスホテルに四時間分の追加料金を払い、チェックインしたのが一一時半ごろでした。

ちょうどテレビは午後から始まる衆院解散本会議前に行われた麻生首相の両議院総会の演説を繰り返し報道していました。私はシャワーを浴び、部屋着にかえて窓際に立つと山陽本線のホームが真下に見え、駅構内の向う間近に見える山々が薄黒い雲に覆われていました。

「米軍が撮影した原爆投下前後の空中写真」

ホテルから見える山々が私にとって異様に近く見えた理由が、その日の午後に訪れた平和記念館の売店で購入した「米軍が撮影した原爆投下前後の空中写真」を見てわかりました。そのA４判の冊子は、米軍が昭和二〇年七月二五日に撮った八五〇〇メートル上空からの写真と八月八日の上空五八〇〇メートルから撮った写真を見開きで特集したものです。タイトルは『地図中心――被爆六〇年増刊号』ですが、二〇〇五年八月一日の発行になっています。

米軍が原爆投下前に撮影した七月二五日が私の誕生日と同じ日であることも冊子に引きつけられたのですが、あまりにも鮮明なその写真からさきほどホテルから見た山麓が広島駅の東北方向から南西方向に舌状に延びているようすがはっきりわかるのです。おそらくその日は快晴だったにちがいありませんが、山麓中腹に真っ白い雲が三つ浮んでいるのです。広島城の内堀はもちろん周囲の軍事施設や人影さえ見えるようです。福島さんが召集された第五師団広島西部第一〇部隊もこの近くにありました。原爆ドームは電車通りをはさんですぐ南側です。福島さんは『ヒロシマの嘘』に次のように書いています。

連兵場のすぐ側は電車どおりだった。女性はモンペ、男は国民服に脚絆姿でみんな追い詰められたように急ぎ足で歩いていた。それでも娑婆が恋しくて人通りを横目で見ながら、「どうせすぐ死ぬのだ、もうこの世とは何も縁のない人間なのだ」とヤケクソになって訓練を続けた。

福島さんたちはいわゆる米軍の本土上陸にそなえた迎撃部隊でした。その訓練といえば、背中に爆雷を背負って上陸してくる米軍戦車のキャタピラーを目がけ頭から突っ込んで自爆するのです。戦車の絵を描いて切り抜いたベニヤ板をリヤカーに装着して、ジクザクに走ってくるリヤカーのタイヤを目がけ、連兵場に掘った蛸壷壕から飛び出して頭から突撃するのです。そのうち、長い青竹の尖端に重い爆雷をくくりつけて、米軍戦車の銃眼目がけて差し込む訓練になりました。戦車めがけて走るのですが、竿が揺れてどうしても戦車の銃口に命中させることができません。

こんな訓練を続けるなか、七月三〇日の夜、なんの前触れもなく馬糞の臭いのする貨車に積み込まれ九州の東海岸に運ばれ、こんどは本当に砂浜に蛸壷壕を掘らされることになったのです。一九四五年七月二五日米軍が八五〇〇メートルの上空からとった写真に福島さんたちの訓練が写るわけがないのですが、二五日というと福島さんたちは笑うにも笑えない、泣くにも泣けない猛訓練の最中だったのです。

私はこの米軍の撮った写真に見える連兵場の黒い点々の一つが福島さんかもしれないと思うのです。ちなみにこの冊子の解説を書いた竹崎嘉彦氏によれば、原爆投下の直前と直後の広島を撮影した空中写真が米国国立公文書館から届いたのは二〇〇二年ということです。

シャトル天神の玄関口で

翌日（二二日）、私は予定より一時間遅れの七時三〇分広島発下関行きの電車に乗りました。快速ならば柳井まで一時間一〇分、各駅だと一時間三〇分かかります。ダイヤが大幅に乱れていたので、私は駅の構内で朝食を済ませ、コンビニでサンドイッチ二種類と小さなオニギリとオカズが入った弁当を一つ買って電車に飛び乗りました。岩国までは通常どおりの運行でしたが、岩国から先は徐行運転でした。柳井に着いたのは、一一時ちょうどでした。そのまま、タクシーでシャトル天神に向いました。

福島さんは前からの約束どおり、玄関のドアを少し開き加減にしていました。しかしベルを鳴らしても応答がありません。こんどは「福島さん、福島さん」ととなり近所に聞こえるような大声を二度、三度出しても何の返事もなく、隙間からのぞいてみても人の気配が感じられません。まだ、眠っているのか、近くに買い物にでも出たのか、あるいは病院に行ったのか、それとも急に倒れたのか四つぐらいの考えが浮びましたが、それならばドアを半カギ状態にして出かけるはずはないなどと五分ほど立ち止まってあたりを見回しました。

もう少し待って現われなかったなら、今回はこのまま帰ろうかと、一瞬思い、念のためにケイタイを取り出してボタンを押すといきなり福島さんが出たのにはビックリしました。「どこにいるんですか」と私、「ここです」と福島さん。「玄関前にいまいるのですが」と私。すると、半そでのシャツにパンツ（サルマタ）姿の福島さんと柴犬が玄関に現われました。それにしても、柴犬がワンともなんとも吠えなかったのは不思議です。福島さんは思いのほか顔のいろつやもよく元気そうでした。

「死は自分で選ぶこともできる……」

私は、いま一日の生活をどのように送っているのか教えて欲しいと質問しました。「一日を大きく二つに分けている。そして戦後をテーマにした話を書いている」と言って、炊事場の横の壁に貼ったカレンダーを指差しました。昨年と今年のカレンダーの下に2とか3とかの数字がメモされています。その数字はほとんど一日の空白もなく書き込まれています。「この数字は？」と私。「これはワープロを打った時間、上が午前、下が午後なの」と福島さん。

「ほとんど目が見えなくなったの。三〇センチ以上になるとぼんやりしてあぶない。それに足が弱って歩けない」と福島さん。それにしては部屋のなかではひょいひょいと歩いてコーヒーなどいれてくれます。「ワープロを打つときは、こんな風にメガネを三つ重ねるのよ」と実演してみせます。

「昼寝は必ずするが、夕方まで眠りつづけることもよくある。いま彫金はほとんどやっていない。作っても売れなくなったの」と福島さん。「このままでは人知れず死ぬかもしれない」と福島さん。「しかし、自分で選んできた人生だから、しっかり生きなければと自覚して生きてきた。いまもそのつもりで頑張っている。しかし死も自分の意志で選ぶことができる……」

福島さんは自分が座っている場所から見える書棚においてある二〇センチ四方の写真のパネルを指差しました。それはガソリンで燃え上がるベトナムの仏教僧ティック・クアン・ドックの焼身自殺の写真でした。「由比忠之進はあのように焼身自殺したの」と福島さん。エスペランチストの由比忠之進は北爆支持の首相佐藤栄作に抗議して一九六七年一一月一一日、首相官邸前で石油を使って焼身自殺を図り、翌日、亡くなりました。

愛犬ロクとともに

「そろそろ食事でもしましょう」と、大阪でおみやげにかっておいた海苔《のり》とツクダニを渡して、サンドイッチとオニギリ弁当をテーブルに広げました。「僕はあまり食べないのよ」と言って、側の柴犬にサンドイッチを半分ちぎってやりました。「このロクはあの片山島から何代目ですか」と言って私がロクの頭をなでようとすると、何代目かのロクは「キャン」と鳴きました。「……代目」と福島さんが言いましたが、私も耳の聞こえがよくないので、何代目なのか聞き取れませんでした。

実は、ロクは福島さんが片山島で自殺未遂をしたときに道連れになった柴犬の名前です。青酸カリを飲んでからガソリンに火をつけようとした福島さんは、すでに意識を失っていたロクがフラフラッと立ち上がって歩き始めたので、助けてやろうと思い二〇キロ離れた久賀町まで夜の海を船で渡りましたが、病院の所在もわからずそのまま島に戻りました。ロクを抱いて横になっているうちに、福島さんは意識を失ってしまったのです。ロクを助けようとして口移しに水を飲ませた時に、ロクの口についた青酸カリを福島さんが飲み込んだのでしょう。

翌朝、ロクの鳴き声で目をさました福島さんは、ロクを船にのせ伊保田沖を通り過ぎ、大島の北岸沿いに走らせ、沖の浦という小さな漁村の沖を通過しているときでした。ロクが急に船首に立ち上がり海岸のほうに鼻先を動かし、激しく吠え始めたのです。もしかして以前飼われていた村ではないかと舟を海沿いに寄せながら古い墓地の近くにさしかかると、ロクはあっという間に海に飛び込んだのです。福島さんは大声で呼び戻しましたが、ロクは後ろも見ず砂浜を駆け上がり墓地のなかを走りぬけ、一目散に村のなかに姿を消してしまいました。その日から福島さんは何日も、その後何年も探したのですが、ロクを見つけることができなかったのです。

以上のことは福島さんの『菊次郎の海』に詳細に語られていますので、ぜひご覧いただければ、この本がいかに優れた作品かわかってもらえると思います。福島さんには、今書いている本のことや、ヒロシマのことやまだ聞いておかなければならないことがたくさんあったのですが、互いに耳の聞こえが悪いので、ややこしい話はとてもエネルギーが要るのです。

福島さんはもう八九歳です。私は福島さんの体力を考えて滞在時間二時間としていました。もう三時間も経ちましたのでそろそろ帰ることにしました。福島さんに会うまでは、福島さんに悪いのですがこれが最後の出会いになるだろうと思い、一日会っておかなくてはと柳井まで来ましたが、思いのほか元気でした。悪い風邪にでもかからなければ、もう一度か二度は会えるかもしれないと思いながらシャトル天神を後にしました。

4　隠されているもので知られずに済むものはない

「核密約」

二〇〇九年六月三〇日（火曜日）朝日新聞朝刊の「米の核兵器持ち込み」「元次官『密約文書あった』」という一面左端上段の記事が目にとまりました。顔写真の下には「村田良平元外務事務次官」とあります。「六〇年の日米安保条約改定時に、日本国内へ核兵器、中・長距離ミサイルを持ち込む場合などは、日米間の事前協議が必要と定められていた。しかし、核兵器を積んだ米艦船の寄港、航空機の領空一時通過などの場合は、秘密合意によって事前協議が不要とされていた」というのです。

核密約については、米側公文書などで、すでに存在が裏付けられているが、日本政府は一貫して否定してきた。外務省の事務次官経験者が証言するのは初めて。村田氏は八七年七月から約二年間外務事務次官を務めた。村田氏によると、外務省で当時使っていた「事務用紙」一枚に記された日本語の密約文書を前任者から引き継ぎ、後任に渡した。村田氏は、当時の倉成正、宇野宗佑両外相に秘密合意について説明。三塚博外相には「（宇野内閣短命で）話すチャンスはなかった」と話した。首相に自ら直接説明することはしなかったという。「それは外相から説明するからだと。ただ、じっさいに外相が話したかどうかは知らない」と説明した。

この記事はどうもピンときませんし、なぜこの時期なのかもあわせてよくわかりません。今年（二〇〇九年）四月六日のオバマ大統領の「プラハ核廃絶宣言」や「北朝鮮ミサイル発射」報道との関連で「核」という文字に惹かれますが、記事に勢いとか意気込みとかが感じられないのです。「日米間の核兵器も持ち込みに関する密約など存在しないと、言い続けてきている日本政府の『うそ』を突き崩す新しい証言が、日本のかつての外交責任者の口から語られた」という社説も一面記事に対してバランスがとれていません。

朝日新聞の報道

六月三〇日の朝刊から一〇日経った七月一〇日（金曜日）朝日新聞朝刊の「核密約文書の破棄指示」の見出しの内容は次の通りです。「日米両国が、六〇年の日米安保改定時に、核兵器を搭載した米艦船の日本への寄港や領海通過を日本が容認することを秘密裏に合意した『核密約』をめぐり、二〇〇一年ごろ、当時の外務省幹部が外務省内に保存されていた関連文書をすべて破棄するように指示していたことがわかった。複数の元政府高官や元外務省幹部が匿名を条件に証言した」

朝日新聞は村田氏と複数の高官から聞いた話を報道しています。「外相への説明は田中真紀子衆議院議員が外相に就任したのを機に行われなくなった」とある元政府高官。「関連文書が保管されていたのは北米局と条約局。情報公開法の施行以前にすべて処分されていたと聞いている」と別の政府関係者。ライシャワー元駐米大使が八一年に密約の存在を証言した際の日本側にしかない歴史的文書も破棄された可能性が高いと朝日新聞。ちなみに米国の公文書は原則として作成から二五年を超えると公開の対象になります。

「核兵器を『作らず、持たず、持ち込ませず』とした非核三原則のうち『持ち込ませず』の部分に『核兵器を積んだ米国艦船の日本領海通過や寄港は除く』という抜け道をあらかじめ用意したのが、六〇年安保改定時の『核密約』だ。その背景には、冷戦後の九〇年代初頭に米国のブッシュ（父）政権が戦略核搭載された核兵器を米国領土に撤去した経緯がある」と朝日新聞。「米艦船はもう核を積んでいないのだから、密約といわれるものは、すでに意味を失っている」と現役の外務省幹部。

「中国の台頭や北朝鮮・イランの核開発などで、米国が再び艦船に核兵器を搭載する可能性はある。その場合、『核密約』は息を吹き返すのか」と朝日新聞。「これだけ密約はないと歴代首相や外相が繰返しているのだから、米側と新しい取り決めを作らねばならないだろう」と外務省幹部。「必要な事態になれば、米国は迷わず核を持ち込む。密約があろうとなかろうと、核の傘に入っている日本に『ノー』という選択肢はない」と同省元幹部。「どんな安全保障政策をとるにせよ、まず、核密約の存在をはっきりさせた上で、果してきた役割を検証することが不可欠だ」と朝日新聞。

朝日新聞は、核持ち込み密約報道の第三弾として翌々日の七月一二日（日曜日）朝刊で、「密約と日本の外交」と題して特集を組みました。村田元外務事務次官の証言後も歴代の外務事務次官は核密約の存在を一様に否定しているというのです。「自分なりに考えたが、結論として密約はない」と当時の村田事務次官の後任栗山尚一氏。

「核密約があったとしても、その意味は失われている」と多くの外務省関係者。「核のない世界を目指すオバマ米大統領が誕生する一方、北朝鮮は核実験を繰りかえす。日本は改めて核問題に正面から向き合う必要に迫られている。国民だけでなく、歴史を欺く外交を続けて、未来が開けるはずがない」と朝日新聞。

朝日新聞は、第一〇面全頁特集の左端に「日米密約にかかわる主なできごと」という見出しで、一九四五年のポツダム会談、五〇年の朝鮮戦争、六〇年の日米新安保条約調印、六七年佐藤首相の非核三原則の表明、六八年の原子力空母エンタープライズの佐世保寄港、七〇年の安保条約自動継続、七一年の沖縄返還協定調印、七二年の衆院予算委で旧社会党横路孝弘による外務省極秘電文の沖縄密約の追及、毎日新聞西山太吉記者の国家公務員法違反容疑の逮捕、八一年のライシャワー駐日大使による核積載艦寄港発言、八三年の中曽根首相の「日本列島不沈空母」発言等々から二〇〇九年の村田核持ち込み密約発言まで年表にして掲載しています。


「外務省機密漏洩事件」

毎日新聞記者西山太吉氏が関係した「外務省機密漏洩事件」の顛末については、氏の『沖縄密約』（岩波新書、二〇〇七年）と雑誌『G2』（二〇〇九年九月号）の週刊朝日記者諸永裕司氏のルポルタージュをご覧ください。この事件は沖縄返還協定において、アメリカが支払うとされた補償費を日本政府が肩代わりする「密約」が存在したのですが、その証拠とも言える外務省機密電信文を、毎日新聞記者西山太吉氏が外務省の女性事務官から入手したことが国家公務員法違反に問われたいわば国家による冤罪事件です。

朝日新聞はさらに同紙面の中央上段に民主党岡田幹事長とのインタビューを載せています。「政権交代した場合、日米間の外交密約を明らかにすると明言しました」と朝日新聞。「政治が変ったということを国民に実感していただく。そのなかに一連の密約の公開がある」と岡田幹事長。「密約公開でどのような効果が期待できますか」と朝日新聞。「行政情報を公開することで、後から説明できないようなことをやれなくなり、公正な行政を確保できる。外交文書の公開は外務省の裁量で決められているが、ルール化する必要がある」と岡田幹事長。

「外交文書を公開する期間をどのくらいに考えていますか」と朝日新聞。「二五年から三〇年ぐらいか」と岡田幹事長。「日本の政府はこれまで、米国公文書で出ているものさえ公開を拒んできました」と朝日新聞。「政権交代がなかったのも問題だった。政権交代があれば、嘘を言っても出てしまう」と岡田幹事長。「核持ち込み密約は非核三原則と矛盾します」と朝日新聞。「なぜ、当時密約を結ばねばならなかったのか、歴史的検証を行うべきだ」と岡田幹事長。

「民主党政権になっても、官僚は文書は存在しないと言い続けるのでは」と朝日新聞。「官僚が大臣に事実ではないことを述べるのは、それだけで処分の対象になる。今でも大臣には報告しないが、族議員に報告するということがある。そういうのは、全部ダメだ」と岡田幹事長。

政権交代

今回の核持ち込み密約に関する一連の報道は、八月三〇日衆院総選挙による政権交代というかつて経験をしたことない一大政治変革が予想されていることと無関係ではないようです。事実、この特集も麻生首相による「二一日解散、八月三〇日投開票発表」の一日前です。朝日新聞が麻生首相の「予告解散」をキャッチしていないわけがありません。

というのは、特集記事の真ん中ぐらいに「米、日本の公開議論を静観」という見出しの記事がありますす。この記事は麻生首相の解散予告と直接の関係はありませんが、朝日新聞は別の関心、すなわち、密約が公に議論された場合のアメリカ側の反応を取材しています。

民主党が政権を取り、密約の公開に踏み切れば、日米同盟に影響はないか。元米政府関係者は「日米同盟にとって主要な危機にはならない」としたうえで、「北朝鮮が核実験やミサイルを発射するなかで、もし鳩山由紀夫代表が首相になり、そういう形で自民政権批判を展開したら、国民の安全保障を真剣に考えないという批判を浴びて長持ちしないのではないか」と分析する。

日本専門家の間には、こうした密約に関する議論を前向きにとらえる意見もある。ジョンズ・ホプキンス大のケント・カルダー教授は「北東アジアの不安定な状況のなかで、米国による核抑止が日本の安全に寄与しているという悲しい現実に、日本の世論がもっと目を向ける機会になりうる」と指摘。

各党の核に関するマニフェスト

核持ち込み密約の話はいったん切り上げて、密約報道後の七月二八日に発表された政権公約について新聞報道を取り上げてみます。この後に密約の話に戻ります。「核は廃絶託せる政党は」という八月九日朝日新聞朝刊の見出しの記事に基づきます。また朝日新聞かという批判を受けそうですが、私は朝日新聞だけ見ているわけではありません。しかし私はこの新聞を四〇年以上もとり続けているのです。四〇年×一二ヵ月×月の購読料三九二五円（現時点）は少ない金額ではありません。

実はここ一、二年、いつ止めようか、いつ販売店に連絡しようかと思っているのですが、まだ、実現していないのです。言ってしまえば面白くないのです。広告も多すぎます。友人知人は〇〇新聞など勧めますが、私は「どれも同じだから意味ない」と返事しています。私は日刊ゲンダイを駅の売店やコンビニで買って読むか、他紙もあわせて見る場合は、よく行く練馬区の平和台図書館か、広尾の都立中央図書館か国立国会図書館の新聞閲覧室で済ませます。さて、次の各党のマニフェスト記事はどうも真面目に読む気になりませんが、「核密約」と関係がありますので引用します。

朝日新聞三面記事の「核は廃絶　託せる政党は」ですが、自民党は核軍縮、核廃絶には言及していません。「北東アジア地域の非核化をめざす」と民主党、「行動する国際平和主義の外交」と公明党、「地球から核兵器をなくす。核密約の全体像を公開させる」と共産党、「北東アジアの非核地帯と北東アジア地域の安全保障機構を創設する」と社会民主党、「北東アジアの平和と安定、核廃絶に向かって中・韓・米など関係諸国と連携する」と国民新党。

自民党の「言及なし」は北朝鮮の核やミサイルの脅威を強調し、「抑止力の維持」や「安全保障の維持の強化」は今まで通りだからです。民主党の「核兵器の廃絶の先頭に立ち、テロの脅威を除去する」はいうまでもありません。しかしこれらマニフェストの記事とは異なる第二面に朝日新聞は次のような驚くべきアメリカ核戦略の現状を伝えています。

「グローバル戦略軍団」

「米軍　核軍縮とのズレ」「空軍、攻撃指揮の新拠点」という見出しですが、七日、ミサイルや爆撃機による世界全域への核攻撃を統合する新軍団「グローバル戦略軍団」が発足したというのです。米国の戦略核の現在までの推移の図表を見ると、たしかに一九七〇年に二万七〇〇〇発の戦略核弾頭は二〇〇九年には五五七六発に削減されています。

今年の米ロの核軍縮合意で戦略核弾頭数を各一六七五〜一五〇〇にまで削減する目標で一致しています。七日の式典で新軍団のクロッツ中将は一〇〇〇人の軍人を前に「大統領は『核兵器が存在するかぎり、安全で効果的な抑止力を維持する』と明言した。これこそわれわれにとって基本線になる任務だ」と語っています。

これまで別々の指揮系統下にあった地上発射型の大陸間弾道ミサイル（ＩＣＢＭ）と、Ｂ52、Ｂ2といった戦略爆撃機による核攻撃を一括して指揮する拠点が設けられたのです。ドンリー空軍司令官は式典で「われわれの核攻撃態勢の再生にとって画期的な出来事となる。今日は歴史的な日だ」と挨掺したそうです。このような式典が核の削減と結びつくのか極めて問題なのはいうまでもありません。

『アトミック・ゴースト』の著者太田昌克氏

ふたたび元外務事務次官村田良平氏の核持ち込み密約発言のことです。八月八日の新聞広告を見て、私は近くの書店で雑誌『世界』九月号を買いました。「日米核密約　安保改定五〇年の新証言」というタイトルが目を引いたからです。著者は太田昌克氏です。

私が皆さんにお伝えしたいことは、サブタイトルの「あぶり出された全容」が、私がこの雑誌を手にしたときに「報道の全容」と一瞬思い違いしたことや六月三〇日以降の朝日新聞による一連の密約報道が私にとってわかりにくかった理由が、この寄稿文を読んで氷解したことです。

まず、著者の太田昌克氏の簡単な略歴を紹介します。一九六八年生れの太田氏は現在共同通信社の編集委員です。各支局を経験してから外信部、政治部、ワシントン特派員を経て現職です。「二〇〇六年度ボーン・上田記念国際記者賞」を受賞しています。著書に『七三一免責の系譜』『盟約の系譜』『アトミック・ゴースト』があります。

太田氏の著書『アトミック・ゴースト』によれば、氏は共同通信社に入社して間もなく、広島支局に赴任しています。氏の核兵器への覚醒は、広島での三年半の取材活動のなかで、被爆時に母親の胎内で受けた放射線の影響で「原爆小頭症」になった娘とその父親に出会った時でした。四八歳のその娘さんは記者に無言で微笑みかけてきたからなのです。まず、『世界』に掲載された論文の冒頭の文を引用させていただきます。

日本の歴代政権が国防の「要諦」と位置付け、日本の安全保障上の国益と規定してきた日米安全保障条約。来年一月にその改訂から半世紀を迎える中、戦後日米史の最大の「闇」に解析の光が当たろうとしている。それは、改訂安保条約締結直前の一九六〇年一月六日に岸信介政権とドワイト・アイゼンハワー政権が交わした「機密討論記録」、いわゆる「核持込みに関する密約（核密約）」だ。

開示された「機密討論記録」

時間といい、登場人物といい、この文を目にして一瞬、緊張感で身がしまる思いがします。二〇一〇年一月六日は、あの一九六〇年の安保騒動から五〇年目になるということをまざまざ思い起させるからです。太田氏によれば、米国ではその「機密討論記録」が国務省編纂の外交文書集から確認できるというのです。つまり署名前の現物もすでに開示されていて、それが公式文書化された事実も明らかだと氏は指摘しています。

「機密討論記録」には改訂日米安保条約第六条（米軍の施設・区域使用）に基づき、岸首相とハーター国務長官が署名した「岸・ハーター交換公文」によって「事前協議」の対象から、核兵器を搭載した米軍用機の日本領海、領土内への「通過・寄港・飛来」を除外する文言が明記されているというのです。岸首相一行は日米安保条約の調印のため、一九六〇年一月一七日から二二日までワシントンを訪問しました。安保条約は一月一九日に調印され、この日に、事前協議に関する条約付属文書として「岸・ハーター交換公文」および「藤山・マッカーサー口頭了解」が合意されたのです。

サンフランシスコ講和会議で対日平和条約（日本を含む四九ヵ国）・日米安全保障条約が調印されたのは一九五一年（昭和二六）九月八日です。そのときは日米安保条約下では核搭載空母の日本への立ち寄りが無制限でした。しかし、一九六一年の岸首相とハーター国務長官が署名した「岸・ハーター交換公文」では「事前協議制度」を創設し、日本に発言権を付与することとしたのです。日本の了解なしには核を搭載した米軍用機は通過も寄港も飛来もできなかったのです。

しかしそれは表向きであって、裏では「いつでも御勝手にどうぞ」というのですから、「事前協議」は嘘となるわけです。「ある」ものを「ない」と言い、「ない」ものを「ある」と手品仕掛けにしたのです。「核密約」のその後の対応については、太田氏の論文をご覧ください。

元外務事務次官村田良平氏

村田氏の回顧録の存在を知った太田氏は今年（二〇〇九）の二月に取材を申し込み、三月一八日に京都の自宅に訪れました。ちなみに、太田氏は一年前の二〇〇八年四月に講談社から『アトミック・ゴースト』を出版しています。村田氏の回顧録というのは、二〇〇八年九月三〇日発行のミネルヴァ書房から出版された『村田良平回顧録』（上・下）をさします。サブタイトルの上巻は「戦いに敗れし国に仕えて」、下巻は「祖国の再生を次世代に託して」となっています。

一九二九年生れの村田良平氏は京都大学卒業後、外務省に入り、条約局外務参事官、駐アラブ首長国連邦大使、中近東アフリカ局長、経済局長、駐オーストリア大使、外務事務次官、駐アメリカ合衆国大使、駐ドイツ連邦共和国大使を歴任、一九九五年に退官しています。親米保守派の代表的評論家で新しい歴史教科書を作る会の賛同者として知られている岡崎久彦氏は、村田氏と外務省同期入省です。その岡崎氏は村田良平の回顧録を「良心の書」と位置づけし、「戦前教育を受けた日本のエリートが敗戦国の外交を担わなければならなかった半世紀の心理的葛藤を赤裸々に著した戦後の精神史」と評価しています。

村田氏は一九八九年から一九九九年まで、竹下・宇野・海部・宮沢内閣のもとでアメリカ合衆国大使として勤務しています。氏の著作によれば氏はアメリカ大使としてあまり居心地がよくなかったようです。つまり、氏は連合国軍最高司令官マッカーサーを「解放者」としてではなく、日本を抑圧しかつ日本をアメリカの従属国にした歴史的な人物と見ているからです。

氏は日本国憲法をマッカーサーに押し付けられたとして、憲法前文と憲法九条の改憲を独自に主張しています。また、氏のアメリカ大使時期に起きた「日米構造協議」（スーパー三〇一）の交渉で、アメリカ側の日本を従属国と見る強欲な姿勢に苦しめられた経験から日本の外交の自立・自存を希求しています。

元外務省主任分析官で二〇〇二年、背任と偽計業務妨害容疑で逮捕起訴され、二〇〇九年六月有罪が確定した佐藤優氏は、『中央公論』九月号で「村田氏は外務省の自浄能力を刺激しているのだ。村田氏は民主党政権になることを見越して告発者となっているのではない。村田氏は外務省の頂点をきわめた人だ。思想的にはリベラルというよりも保守に属する。しかし外務省が国民に吐《つ》きつづけていた嘘をここで明らかにして、捨石になろうとしている」と指摘しています。

西日本新聞スクープ

太田昌克氏にとってインタビューの最大のポイントは、外務省内に残されていた核密約に関する「メモ書き的な紙」を歴代事務次官が引き継いできたことを認めるかどうかでした。「大平―ライシャワーの極秘公電（一九六三年四月四日）が米国立公文書館で見つかったことを一九九九年夏に報じて以来、太田氏は一〇年近く東京とワシントンで取材や公文書を通じた密約解明への作業を続けてきたのです。いま、村田氏が日本側の証言者になろうとしているのですから、太田氏が興奮しないと言えば嘘になります。太田氏の問いに、「歴代の事務次官は必ず引き継ぎの時に、核に関しては日米間でこういう了解がある、ということを前任者から聞いて、それをメモにしておいて次の次官に、『これはこうだよ』と引き継ぐという格好を〔取ってきた〕。これは書かないでください」と村田氏。

衝撃的な証言を受けた太田氏は、存命中の外務事務次官経験者への取材を重ねました。そして五月下旬まで村田氏をのぞく六人に取材し、そのうち三人から具体的な証言を聞き出したのです。太田氏は五月一四日の再取材の時、村田氏から「オフレコ解除」同意を得ました。

村田氏は太田氏にたいしてインタビューの内容を「外務事務次官経験者」の発言として報じること

を認めたのです。そして、五月三一日付共同通信配信記事「歴代外務事務次官らが管理　日米の核持ち込み密約」は、西日本新聞によって六月二八日（日曜日）付朝刊で報道されたのです。

西日本新聞は、朝刊九段ぶち抜きトップの約二〇〇〇字にわたる詳細な報道をしました。翌二九日毎日新聞朝刊は一面トップ、そして三〇日社説。同じ三〇日朝日新聞朝刊の一面トップは「解散　都議選後が濃厚」で、二番手が約八〇〇字の「米軍の核兵器持ち込み」と社説。読売新聞は七月一日の社説。

以後、朝日新聞は遅れを取り戻そうとして、必死に追いかけるのですが、私が朝日新聞で知ったのは西日本新聞の報道から二日後ということになりますから、その遅れは決定的と言わざるを得ません。記事が重大であり、秘密性をもてばもつほどスクープの衝撃度が違うことが「核密約」の一連の報道から学ぶことができました。

二〇〇九年八月一五日

今日は二〇〇九年八月一五日（木曜日）です。六四回目の終戦記念日を迎えることになります。八月三〇日の衆院総選挙もあと半月を切りました。ここ二、三日朝五時になると起きる薄恐ろしい地震の揺れも今日はありません。朝日新聞は一面の下段に「核密約関連資料あった」「外務省元条約局長が寄稿」という見出しです。

元条約局長という人物は、元オランダ大使で現在六四歳になる東郷和彦氏です。なにやら今後も、この手の寄稿やら内部情報の提供者が出てきそうです。やはり「政権交代」の余波でしょうか。そう言えば、第四面の政治欄に「田中真紀子氏、民主党入党」や「背水の自民派閥会長」「地元張り付き」という見出しが目につきました。

「背水の自民派閥会長」の記事を読んで思わず吹き出しました。「麻生降ろし」を鎮圧した派閥会長らが苦戦しているというのです。伊吹派の伊吹文明元幹事長はとても比喩がたくみで知恵者です。「全国惨澹たる状況だよ。風速四〇メートルなら自前の後援会で耐えられる。五〇メートルになると何とかなるレベルを超えている」と自派の河村官房長官に電話でぼやき、「麻生総理の一年間に作られたイメージを変えるのに大変だ。外務省はいやがるだろうが、外交で毅然とした態度を見せるべきだ。北朝鮮への制裁を強化するとか」と注文をつけたそうです。

伊吹氏とともに「麻生おろし」を鎮圧した最大派閥町村信孝前官房長官も自派の応援にはほとんどまわらず、地元の北海道五区に張り付く日々というのです。青森三区の大島理森国会対策委員長は八戸市の朝市に野球帽に長靴姿で現われたそうです。古賀派の古賀誠元幹事長も山崎派の山崎拓元幹事長も同じです。「何で麻生さんを支えるのか。自民党が勝つと、麻生さんが総理を続けるのか」「自民党には勝ってほしいが、麻生首相には辞めてほしいというジレンマが支持者にある」と演説には麻生首相の名前は口にできない選挙活動の日々だというのです。

政治・マスコミ界の長老対談

『文藝春秋』九月号の新聞広告に気になる座談会が載っていたので、江古田駅ちかくの書店で買ってきました。その中身を一部紹介します。「自民党政治はいつ終ったのか」という座談会です。出席者は元内閣総理大臣中曽根康弘と読売新聞グループ本社会長の渡辺恒夫と司会者の御厨貴東大教授です。一九一八年生まれの中曽根氏は現在九一歳です。渡辺氏は一九二六年の生れですから、中曽根氏より八歳年下で現在八三歳になるわけです。渡辺氏は正力松太郎の時代から中曽根氏とは懇意の間柄ですから、二人の話はよくもわるくも説得性があります。選挙が間近ですから選挙の話に絞ってかつ要約して紹介します。

「渡辺さんが心配しているのは、民主党が政権を握ることへの不安ですか」と御厨氏。「そうです。特に日米安保を含めた外交・安全保障政策の継続性が保たれるかどうか。民主党にはさまざまなイデオロギーの人が集まっている。アメリカの核の傘のなかにいるからこそ、北朝鮮、中国への抑止力がある。民主党がアメリカの不信を買えば、安全保障だけでなく日本の経済もぐらつく」と渡辺氏。「私も同感だ」と中曽根氏。

「今後、自民党はどのような姿になるのでしょうか。一〇〇議席が減ると言われているなかで、これまで自民党の中枢にいたベテラン議員で当選が危ぶまれている人も多い」と御厨氏。「かりにそうだとしても、後の残った者は、次は俺たちの番だという気持になる。自民党にはそういう競争力がある」と中曽根氏。「議席減一〇〇で収まるなら、自民党は復活する。だが、もし、自民と民主の増減が一五〇というレベルにまで達したら、自民党は半永久的に野党になるだろう。しかし、増減の幅が一〇〇と一五〇の中間に収まるような気がする。すると政界再編成の動きになる」と渡辺氏。

「自民党も民主党も割れるということですか」と御厨氏。「そう。みんな割れてガラガラポンしたらいいと思う」と渡辺氏。「一五〇の増減があったら大変なことになります」と中曽根氏。「一五〇だったら自民党は絶望です。中曽根さんがおっしゃったように、一〇〇ならば自民党は復元力をもちえるでしょうが」と渡辺氏。

5　二〇〇九年八月三〇日

「民主三二〇議席か」朝日新聞

八月三〇日。日曜日。今日は朝から曇りです。「政権選択　きょう投票」「総選挙 未明までに大勢判明」と朝日朝刊の一面トップです、先々週は地震が心配でしたが、こんどは台風の上陸です。台風一一号は小笠原諸島の東海上を発達しながら進んでおり、東日本の太平洋側は三〇日昼過ぎから風が強まるとのことです。「午前一〇時時点の投票率は一三・一九％で四年前の総選挙より〇・〇二一ポイントダウン。期日前投票数は一〇九〇万人。一〇・四九％で前回四二二万人の一・六倍」と昼のNHKニュース。投票率のダウンが気になります。

読売新聞朝刊（三面）は「自民党の公示前議席は三〇〇で、公明党の三一議席と合わせた与党全体の議席は三三一。憲法五九条の規定により、参院で否決された法案を衆院で再可決できる総定数の三分の二（三二〇）を上回る。戦後、一党だけで総定数の三分の二を占めたことはない」と解説して、「政党一つで三〇〇議席以上をとるのは異常だ」という社民、国民新両党の心配ぶりを紹介しています。つまり、読売新聞は民主一党による三二〇議席獲得もありうることを示唆しているのです。

そういえば、三日前の二七日朝日朝刊は、自社による総選挙中盤の情勢調査の結果を一面トップで「民主、三二〇議席獲得も」「自民激減一〇〇前後」と報道していました。それに対して日刊ゲンダイは八月二八日付で「民主圧勝の選挙予想は謀略なのか」と反発しています。そして日刊ゲンダイは翌々日、「民主三〇〇届かず」「民主二九〇議席、自民一三〇議席」と発表しています。

東京新聞の「こちら特報部」は「民主強気の求人」「日弁連に一〇〇人打診」という読ませる見出しです。「国会法によれば、国が給与を支払う公設秘書は最大三人まで。うち一人は政策担当秘書だ。身分はいずれも国家公務員特別職で、ほかの秘書は私設扱いになる。この最大三人には国会から直接、報酬が支払われる。金額は在職期間や年齢により、政策担当秘書がおよそ年収七〇〇万～一〇〇〇万円。公務員と同じ通勤、住居、期末、退職手当がつく」と東京新聞。しかし政策担当秘書になるには競争率が一〇倍以上の年一回の資格試験に受かるか、「選考採用審査認定」の選考を通らなければならないという。

怒鳴られてばっかりの秘書、議員に頼られっぱなしの秘書、毎夜、上京した地元関係者の会合に追われる秘書。自宅に銃弾を撃ち込まれた秘書もいた。ヤワな神経ではとても務まらない仕事と思う。雪崩の予感の中、彼らの顔を思い浮かべれば複雑な心境にもなるが、きっちり政権選択の一票を投じよう。「デスクメモ」（剛）

ほぼ的中の野上忠興氏の予測

昨日まとめて買った九月三日号の『週刊新潮』『週刊文春』、四日号の『週刊朝日』、五日号の『週刊現代』

から見出しと記事の中身をちょっと紹介します。『週刊新潮』は「特集　気象庁非公認！　当落天気予報」で、「みんなが断酒しろというからやっただけだと中川昭一前財務相」「小池氏の目下の選挙戦術は風車作戦。逆風をしっかり受け止めて国民のために全てを使い切る風車です！」と二人のあぶなげな振る舞いを皮肉っています。

『週刊朝日』の「ドン小西のイケてるファッションチェック」はつい惹かれます。「八月三〇日の投開票に賭ける皆さん。人は見た目が九割？　ご健闘を祈ります」というその登場人物は太田和美・小泉進次郎・鳩山由紀夫・太田昭宏・森喜朗・片山さつきなど一七人の面々です。

政治評論家の森田実氏は「自民一〇二、公明二六の与野党合計一二八議席。民主三二六など野党合計三四七」と予測しています。森田氏は日刊ゲンダイの常連の政治評論家です。元共同通信者記者の野上忠興氏は「自民一二二、公明二四の与野党合計一四八。民主三一〇など野党合計三二九」と森田氏と差があります。

『週刊現代』の「全四八〇議席最終当落」は詳細です。接戦区は民主が有利とみてその予測は、自民が小選挙区九一＋比例五〇合計一四一、民主が小選挙区一八九＋比例一〇〇の合計二八九という予測。解説記事の中見出しを拾ってみると全体の様子がわかります。「民主三〇〇議席が見えた」「二世候補は粘りがない」「衰退・消滅する自民王国」「与謝野・太田はやっぱりダメ」「森が地元にいるから負ける」「公明候補は近畿でも大苦戦」「麻生首相もたったの二万票差」「民主は比例で九〇議席以上も」

ＮＨＫの開票速報

三〇日。夜八時。ＮＨＫの開票速報の時間になりました。アナウンサーが口を開くなり、出口調査による予測として「民主三〇〇議席超、自民一〇〇前後」と発表しました。三〇〇議席がほぼ確定する一一時ぐらいまで修正されることなく予測通りであったのは驚くやら呆れるやらでした。というのは、ＮＨＫの開票が始まる前に『週刊朝日』九月四日号の東浩紀氏の「批評するココロ」という連載記事を読んでいたことも関係しています。

その記事は「衆議院予測サイトが示唆する集合知の侮れない実力」と言うタイトルですが、驚くほど正確な予測結果を出す「集合知」と呼ばれる意志集約のシステムの話です。「いまでは、特定の条件が整えば限られた情報しかもたず、自分の利益しか考えない『愚者』の群れのほうが、少数の専門家よりも正しい判断を下せることが証明されつつあります」と氏は『「みんなの意見」は案外正しい』（角川書店）を読むようにすすめています。

一八世紀の近代民主主義とほぼ同時に誕生した投票という方法を二一世紀のネット技術をもって多様に民意を反映させることができないだろうかというのが、このエッセイの趣旨でもあり、また逆説でもあるように私には思えるからです。

東浩紀氏が注目すべき若手の哲学者であることを知ったのは、ジャック・デリダを論じた『存在論的、郵便論的』という奇妙な書名の本を読んだころからです。すでに二〇〇万ベストセラーの呼び声が高い『１Ｑ８４』が発売されてまだ間もない六月の初めに、氏が書いた『１Ｑ８４』に関する論評が私の読後感とかなりの部分で一致していることから親近感をもつようになりました。この時の氏の否定的な論評は別にして、今回の分析に『1Q84』現象と『八月三〇日選挙』に共通する社会現象を見たからです。

国会図書館へ

選挙速報の話に戻ります。午後一一時前後になると、元首相や閣僚経験者や元党三役の落選の報が続々入ってきます。海部俊樹、中川昭一、山崎拓、久間章生、笹川尭、柳沢伯夫、深谷隆司、島村宜伸の各氏です。しかし、一一時過ぎても派閥領袖クラスや現職大臣の当落がまだ時間がかかりそうなので、テレビを切ってベッドに入りました。現職大臣らは、甘利利明、林幹夫、与謝野馨、野田聖子、佐藤勉、塩谷立などです。

また、小選挙区で落選して比例区待ちの武部勤、町村信孝、小池百合子、鴨下一郎、中川秀直らも気になります。それに小選挙区一本に絞った公明党幹部の太田昭宏、北側一雄の両氏、新党日本の田中康夫と争っている冬柴鉄三などの動向が気になりベッドに入ってからもなかなか眠れず、睡眠不足のまま朝五時になりました。

六時になっても郵便受けには読売も朝日も入っていません。外は台風の影響でかなり激しく雨が降っています。先週は家の留守番が多くてプールに行かなかったこともあり、頭がさえず、何となく呼吸が重く感じられるのです。他紙も買わなければなりません。近くの区立図書館は月曜日は休館です。しかしきのうから今日にかけて気になることがあったので、千駄ヶ谷プール➡国立国会図書館コースに決め、朝八時ちょうど有楽町線の新桜台駅に向いました。

新桜台駅から副都心線の北参道駅まで快速で二五分です。北参道からＪＲ千駄ヶ谷駅前の千駄ヶ谷プールまで歩いて約七、八分です。しかし千駄ヶ谷プールは休館でした。千駄ヶ谷駅に隣接するコンビニで新聞を買い、ＪＲ市ヶ谷駅で地下鉄有楽町線に乗り換え、永田町で下りて国立国会図書館に着いたのが、開館一〇分前の九時二〇分でした。新聞閲覧室で昭和二〇年の記事をコピーしてから家に帰ったのが午前一一時です。

一時間ほど昼寝をしてから朝刊各紙に目を通し、午後四時ごろ有楽町線新桜台駅の次駅西武池袋線練馬駅の売店まで夕刊各紙と日刊ゲンダイと夕刊フジを買いに出ました。これで朝刊・夕刊あわせて三一日の新聞を全紙そろえることができました。しかし、ここでは党派別当選者の内訳だけにとどめます。

〔当日有権者数全国合計一億三九四万九四四二人の投票率は六九・二八％です。投票者数は　七二〇一万九六五五人で、棄権者数は三一九二万九七八七人です。男女別投票者率は男性が六九・四六％、女性は六九・一二％です。各党の当選者数は次の通りです〕。

民主　三〇八（小選挙区二二一、比例区八七、選挙前比＋一九三）

自民　一一九（小選挙区　六四、比例区五五、選挙前比－一八一）
公明　二一（小選挙区　〇、比例区二一、選挙前比－一〇）
共産　九（小選挙区　〇、比例区　九、選挙前比±〇）
社民　七（小選挙区　三、比例　四、選挙前比±〇）
みんな　五（小選挙区　二、比例　三、選挙前比＋一）
国民新　三（小選挙区　三、比例区　〇、選挙前比－一）
日本　一（小選挙区　一、比例区　〇、選挙前比＋一）
改革　〇（小選挙区　〇、比例区　〇、選挙前比－一）
諸派　〇（小選挙区　〇、比例区　〇、選挙前比±〇）
無所属　六（小選挙区　六、比例区〇、選挙前比±〇）.

昭和二〇年（一九四五）八月三〇日の二つの記事

私が昨日から気にかかっていたことで朝目を覚ました時に思いついたこととは何でしょうか。私はこのことに気付いたとき少々興奮しました。そのアイディアとは、「今日から六四年前の昭和二〇年（一九四五）八月三〇日の新聞にはどんなことが載っているのだろうか」という素朴な関心でした。それで国会図書館に行ってみることにしたのです。そして、「なるほど！　やっぱり」と思えるような記事が見つかったら、本書に紹介しようと思い立ったのです。

やはり見つかりました。八月三〇日はマッカーサーが厚木飛行場に降り立った日でした。そして、もう一つは作家大田洋子の鮮烈な被爆体験が載っていたのです。大田洋子は一九〇六年（明治三九）に広島市に生れています。マッカーサーの厚木飛行場到着の様子は、八月三一日の東京朝日新聞から、大田洋子の被爆体験の記録は八月三〇日の同じ東京朝日から紹介します。紙面の都合上、一部略して紹介させていただきます。Ⅰが大田洋子のエッセイ、Ⅱがマッカーサー到着の記事です。

Ⅰ　六日の朝の八時すぎ、広島市で朝をむかえたひとびとは、あの夏の朝の不気味な光線の色を未来永劫に忘れることはできないにちがいない。私は母や妹の住んでいる白島九軒町の家にいた。去年の一月。東京から体ひとつでかえって来て、もっと田舎へ入るつもりが入院などでおくれていた。退院して十一日目であった。前の夜、山口県の宇部が一晩中空襲された。朝になって警戒警報もとれたので、寝床にもぐりこんだ。

疲れ切っていて、とてもよく眠ったようであった。見馴れない珍しくふしぎな夢を見たと思った刹那、緑青色の海の底みたいな光線が瞼の上を夢ともうつつともなく流れた。へんな夢を見るのねと思った瞬間、名状し難い強烈な音が起こって、私はからだが粉々に砕け飛び散ったような衝動を受けた。爆弾の地に落ちたダダンという音でもなく、ザザッと雨のようだという焼夷弾の音とちがい、カチインという金属的な抵抗しがたい音響だった。一瞬という言葉がこの朝ほど身をもって適切に感じられたことはない。それでも私は二十個とも三十個もの焼夷弾が寝床の上に降りかかったのだと思い、きょろきょろとそれを探した。

（略）

朝や黄昏など、特に風景の美しかった太田川の下流、私どもの住んでいた町の土手から降りて行く河原に火事をさけてすごした六日、そして七日、八日、その間に見た現実は、この世のほかの絵巻であった。私はそれを凄惨だったとは思いたくない。危険と忍耐と純粋な民族感への満ち足りた感情との三日間乞食のように起き伏した短い日、私たちはどんなに貴族よりも高い精神のなかに呼吸していた。死骸と並んで寝ることも怖れぬ忍耐の限度を見た。おびただしい人の群れのだれも泣かない。誰も自己の感情を語らない。日本人は敏捷ではないが、極度につつましく真面目だということを、死んで行く人の多い河原の三日間でまざまざと見た。（略）

七日になって河原に来た救護班の手当を受けた。この日になって昨日の空襲が、新兵器のはじめての使用であったことをきいた。七日の夜から、八日の朝、また昼にかけて、人々はばたばたと倒れた。七日の夜は朝まできれいな東京の言葉で「お父さまァアーいいのよウーいいのよゥ。お帰りあそばせェー」と絶叫しつづける若い娘の声が聞こえた。「気が違ったのね」私たちは涙を流しとおした。

新兵器の残忍性を否定することは出来ない。だが、私は精神は兵器によって焼き払う術もないと思った。あの爆弾は戦争を早く止めたい故に、使った側の恥辱である。ドイツが敗北した。ドイツを軽蔑することはできない。ドイツを軽蔑できなかったと同じように、あの新型爆弾というものを尊敬することはできない。広島市の被害は結果的に深く大きいけれど、もしその情景が醜悪だったならば、それは相手方の醜悪さである。広島市は醜悪ではなかった。むしろ犠牲者の美しさで、戦争の終局を飾ったものと思いたい。（略）

草深い中国山脈の下の田舎の家に、仮りの宿をとったのが、九日の夜からだった。村は冷静でもある。興奮もしている。私は蒼白な顔のまま、河原の露草にねて、傷の痛みに夜を徹した時よりも、きのうきょうの心の重さを見つめている。（「海底のような光」大田洋子、東京朝日新聞　昭和二〇年八月三〇日）

Ⅱ　連合国軍最高司令官ダグラス・マッカーサー元帥は三〇日午後二時五分、本土進駐連合軍第一陣を率いて厚木飛行場に到着した。三〇日午前、マッカーサーに先立ち主力と共に本土に乗込んでいた米第八軍司令官ロバート・アイケルバーガー中将および米第一一空挺師団指揮官ジョセフ・スウイング少将以下米側幹部将校ならびに日米記者団が飛行場の西方の滑走路に設けられた大幕の前でマッカーサーの到着を待つ。南の風が強い。

アイケルバーガー中将は六〇歳位であろうか、頬からあごにかけて深いしわがある。スウイング少将はやや若く空挺隊員の青い制服を身につけ同じく青色の深い鉄兜をかぶっているが、ひどく古びている。関東地区第一次占領区の最高司令官にアイケルバーガー中将が当たり、その下にスウイング少将が特殊任務を帯びて行動するものと解される。

二時過ぎ、東の空に銀色の巨鯨が姿を現わした。やはりＣ５４である。二時五分、機は中央滑走路を北から南に着陸した。機首のところに緑色で『バターン』と書いてある。マッカーサー機だ。『バターン』…これはマッカーサー元帥にとりまことに忘れ難い名前であろう。やや暫くして星に標識の入った巨鯨の胴ッ腹から銀色の梯子が下ろされた。一同が固唾をのむ。やがてマッカーサー元帥が現われた。薄い上着なしのカーキー服に黒眼鏡、其に大きな竹製のパイプ。南方生活の長い彼としては割合に日焼けせぬ薄赤い頬をしている。六六歳にしては若い。

梯子を下りる前扉のところでややしばらくたたずみ、左右に眼を配って、写真班のためのポーズをつくる。やがて梯子を下りて飛行場の夏草の上に立った。大男である。六尺一、二寸もあろうか。アイケルバーガーが進み出た。「ハロー、ボップ」マッカーサーの声は低く力がある。スウイングも握手を求める。「閣下、豪州でお目にかかった私です。御記憶ですか」。豪州の従軍記者が「閣下、何か記者団に声明を……」と促せば、「メルボルンから東京まで……思えば長かった」マッカーサーの第一声は簡単明瞭だ。

機の側を離れて彼は再びカメラの斉射を受けた。彼の左側に立ったのは例のアイケルバーガー中将、右側に並んだのはマッカーサーに随行してきた参謀総長サザーランド中将（サザーランドはマニラ会談にも出席している）、その次にマッカーサー司令部の通信隊指令エイケン少将、一人置いてスウイング少将といった順序。カメラマンの包囲がとけるやマッカーサーは第一一空挺隊音楽隊の前に進み出て、簡単な挨拶の後、『米スペシャル』と書いた乗用車に乗った。

車の後に従って二号車に入ったのは、星四ツの将官二人――米太平洋戦略隊司令官スパーツ大将と米極東航空隊指令ケニー大将である。かくて一行は乗用車二五台、トラック一〇台に分乗して戸塚経由横浜に向かった。

マッカーサーが記者団に発表した「メルボルンから東京まで……思えば長かった」の声明の全文は

次の通りです。

「メルボルンから東京まで長い長い道のりだった。長い長い困難な道程だった。しかしこれで万事終ったようだ。各地域における日本軍の降服は予定通り進捗し、外郭地区においても殆ど終息し、日本軍は続々降服している。この地区においては日本兵多数が武装を解かれ、それぞれ復員をみた。日本側は非常に誠意をもってことに当たっているようで、降服は不必要な流血の惨を見ることなく無事完了するであろうことを期待する」

あとがき

今回の『天皇象徴の日本と〈私〉1940-2009』の書名は、最後まであれかこれか迷いに迷って決まりました。たとえば、①「天皇を象徴とする日本の戦後と〈私〉」、②「マッカーサーに敗れた国だから……」、③「二〇〇九年」、④「天皇・ヒロシマ・私」⑤「象徴天皇の誕生」などですが、肝心の「私」の座りが悪いのです。「私」を除外した書名を考えましたが、焦点がなくバラバラになってしまうのです。

数日後、原稿を一通り読んだという彩流社の塚田敬幸さんに会いました。原稿を渡した時のタイトルは「象徴天皇の誕生」でした。そしてサブタイトルは「マッカーサーに敗れた国だから……」です。「書名はどうします」と私。「天皇象徴の日本と〈私〉がよいでしょう」と塚田さん。この前、会った時は「うーん」と唸っていた書名です。私はとてもうれしい気持になりました。

「二〇〇九年、入れたいのですが……」と私。「それなら一九四〇―二〇〇九がいいですよ」と塚田さん。私はそのとき、一瞬「ハッ」と思いました。「一九四〇」こそ私が無意識に探していたキーワードだったのです。私は「二〇〇九」ばかりに気がいっていたのです。「一九四〇」は私の生まれた年です。「一九四〇」を追加することによって、全体を包括する「世界＝内＝存在」の書名となったのです。

*

二〇〇九年六月四日の早朝、私の友人にして恩人の経済評論家兼作家の水沢溪さんが七三歳で亡くなりました。昨年、緊急入院した一〇月二〇日の五日前には八ヶ岳の登山から帰ってきたばかりでした。入院三日後に水沢さんは膵臓ガンのステージⅣと告知されました。

一二月の初めごろ、私は遺稿集を出したいという相談を水沢さんから受け、それから二週間後、書名、目次、著作目録、奥付までそろった原稿のコピーを預りました。私は毎週、土曜日か日曜日に週刊誌か新刊の気に入りそうなものを持ってお見舞いに行っていましたので、状態がよくないことに気がついていました。

預った原稿から掲載原稿をセレクトするのは、ことの性質上、とても気が重い仕事でした。今年（二〇〇九）の五月一七日の日曜日、水沢さんの自宅が近いJR日暮里駅の南口のルノアールで一時間ほど遺稿集の相談をしました。その日が水沢さんとの最後の会合でした。水沢さんのお別れ会は、一〇月三日（土曜日）、ルノアールが近いホテルラングウッドで行われ、『水沢溪遺作短編集』はその席上、遺族代表の絢子《あやこ》夫人から渡されました。

水沢さんはとても魅力あふれる人でした。たくさんの友人、知人が集まりました。私はいま「人間が魅力あふれるということは、どのような特徴をもっているのだろうか」と考えています。それは、人が人を恋しく思い、かつその人が人々を愛する能力をもっているからでしょうか。

水沢さんは、亡くなる直前まで函館の再生と復活を願っていました。昨年の五月二二日から二五日にかけて水沢さんに誘われて水沢さんの郷里函館に泊まりました。函館に生まれ東京で育った水沢さんと福岡県田川郡出身の船瀬俊介さんと東京で生まれ父母の郷里秋田県横手盆地の雄物川のほとりで育った私の三人が、石川啄木一族の墓がある立待岬から津軽海峡を眺めた雲一つない晴れ渡った日のことを私はこの先忘れることはありません。

私は出来上がったばかりの『天皇象徴の日本と〈私〉1940-2009』を、魅力あふれる紳士にして友人の水沢溪氏に捧げたいと思います。

二〇〇九年一一月

林　順治

〈付記〉

本書は二〇〇九年、彩流社より刊行された『天皇象徴の日本と〈私〉1940－2009』を改題し、修正を加えて再度刊行するものである。この林さんの八点目の著書に、当時私は編集、営業として関わった。それまでのテーマがはっきりしたものとはいささか毛色が違い、営業的には苦戦し、宣伝広告も十分行き届かず、いくぶん悔いの残る仕事となった。

その後私は彩流社を退職し、二〇一四年にえにし書房を立ち上げ、二〇一七年には再び林さんの著書を自社の本として刊行することになった。こうして出版元と著者という新しい関係で、現在まで交流が続いている。

本書は、えにし書房としては五点目の林さんの著書となる。このたび刊行を決断したのは、改元目前で、天皇関連書が注目される好機であることに加え、刊行から十年を経た現在でも古さを感じさせず、二十点を超える林さんの著者の中でも最も端的に創作の内面に踏み込んだ、「代表作」といってもよいものと考えたからである。今回の刊行で代表作を知らない林ファンはじめ、少しでも多くの読者に読んでいただきたいと思う。

刊行に先立ち、彩流社の竹内淳夫社長に問い合わせたところ、勝手な申し出にもかかわらず快諾いただいた。記して御礼申し上げます。

えにし書房代表　塚田敬幸

参考文献

序章　「世界内存在」

『フロイト著作集第11巻』高橋義孝ほか訳、人文書院、１９８４年
『聖書』新共同訳、財団法人日本聖書教会、１９８７年
『モーセと一神教』ジークムント・フロイト、渡辺哲夫訳、ちくま学芸文庫、２００３年

第一章　わが存在の故郷

『存在と無』（Ⅰ・Ⅱ・Ⅲ）、ジャン・ポール・サルトル、松浪信三郎訳、人文書院、１９５６年
『デカルト・パスカル』野田又夫・枡田啓三郎・伊吹武ほか訳、筑摩書房文学大系１３、１９５８年
『存在と時間』（上・中・下）、マルティン・ハイデガー、桑木務訳、岩波文庫、１９６０年
『弁証法的理性批判』（Ⅰ・Ⅱ・Ⅲ）ジャン・ポール・サルトル、竹内芳郎・平井啓之他訳、人文書院、

１９６２年～１９７３年
『存在と時間』（上・下）、マルティン・ハイデッカー、細谷貞雄・亀井裕・船橋弘共訳、理想社、１９６３年
『善悪の彼岸』ニーチェ、木場深定訳、岩波文庫、１９７０年
『現代思想のキイ・ワード』今村仁司、講談社現代新書、１９８５年
『存在と無』（Ⅰ・Ⅱ・Ⅲ）、ジャン・ポール・サルトル、松波信三郎訳、筑摩文庫、２００７年

第二章　象徴天皇と日本および日本人

『世界』（4月号）「建国の事情と万世一系の思想」、津田左右吉、岩波書店、１９４５年
『世界』（4月号）「津田博士『建国の事情と万世一系の思想』について」編集者、岩波書店、１９４６年
『世界』（5月号）「超国家主義の論理と心理」丸山真男、岩波書店、１９４６年
『木戸幸一日記』（上・下）東京大学出版会、１９６６年
『津田左右吉の思想的研究』家永三郎、岩波書店、１９７２年
『倭国』岡田英弘、中公新書、１９７７年
『天皇観の相剋』武田清子、岩波書店１９７８年
『象徴天皇』高橋紘、岩波新書、１９８７年
『百済史の研究』坂元義種、塙書房、１９７８年

『前方後円墳の世紀』（日本古代5）森浩一編、中央公論社、１９８６年
『日本古代王朝の成立と百済』（私家版）石渡信一郎、１９８８年
『天皇論』鷲田小彌太、三一書房、１９８９年
『聞き書　南原繁回顧録』南原繁・丸山真男・福田歓一、東大出版会、１９８９年
『象徴天皇制への道』中村正則、岩波新書、１９８９年
『職業としての編集者』吉野源三郎、岩波新書、１９８９年
『応神陵の被葬者はだれか』石渡信一郎、三一書房、１９９０年
『昭和天皇の十五年戦争』藤原彰、青木書店、１９９１年
『御前会議』大江志之夫、中央公論社、１９９１年
『聖徳太子はいなかった』石渡信一郎、三一新書、１９９２年
『トルーマン回顧録』（Ⅰ・Ⅱ）ハリー・Ｓ・トルーマン、堀江由孝訳、恒文社、１９９２年
『大元帥・昭和天皇』山田朗、新日本出版社、１９９４年
『原子爆弾の誕生』（上・下）リチャード・ローズ、神沼二真・渋谷泰一訳、紀伊国屋書店、１９９６年
『天皇は何処から来たか』長部日出雄、新潮社、１９９６年
『敗戦後論』加藤典洋、講談社、１９９７年
『第二次大戦回顧録抄』ウィンストン・チャーチル、毎日新聞社編訳、中公文庫、２００１年
『昭和天皇』ハーバート・ピックス、岡部牧夫・川島高峰・永井均訳、講談社、２００２年

『昭和天皇と戦争』ピーター・ウェッツラー、森山尚美訳、原書房、２００２年
『〈民主〉と〈愛国〉』小熊英二、新曜社、２００２年
『マッカーサー大戦回顧録』（上・下）ダグラス・マッカーサー、津島一夫訳、中公文庫、２００３年
『象徴天皇制の起源』加藤哲郎、平凡社、２００５年
『天皇と東大』（上・下）立花隆、文藝春秋、２００５年
『無念の戦後史』西部邁、講談社、２００５年
『「官」の憲法と「民」の憲法』江橋崇、信山社、２００６年
『滅びゆく国家』立花隆、日経ＰＢ社、２００６年
『国民道徳とジェンダー』関口すみ子、東京大学出版会、２００７年
『象徴天皇という物語』赤坂憲雄、ちくま学芸文庫、２００７年
『日本史の誕生』岡田英弘、ちくま文庫、２００８年
『天皇・天皇制をよむ』歴史協議会編、木村茂光・山田郎監修、東京大学出版会、２００８年
『日本国憲法誕生』塩田純、ＮＨＫ出版、２００８年

第三章　二〇〇九年

『ヒロシマの嘘』福島菊次郎、現代人文社、２００３年

『菊次郎の海』福島菊次郎、現代人文社、2005年
『地図中心』（特集米軍が空撮した広島・長崎　昭和20年8月）、財団法人日本地図センター、2005年
『天皇と政治』御厨貴、藤原書店、2005年
『ヒロシマ』林順治、彩流社、2005年
『沖縄密約』西山太吉、岩波新書、2007年
『アトミック・ゴースト』太田昌克、講談社、2008年
『夜戦と永遠』佐々木中、以文社、2008年
『村田良平回顧録』（上・下）村田良平、ミネルヴァ書房、2008年
『資本主義崩壊の首謀者たち』広瀬隆、集英社新書、2009年
『忍びよる破局』辺見庸、大月書店、2009年
「沈黙を破る」（土居敏邦監督作品パンフレット）、株式会社シグロ、2009年
『1Q84』（1・2）村上春樹、新潮社、2009年
『世界』（六月号）「特集象徴天皇制」、岩波書店、2009年
『「1Q84」をどう読むか』（加藤典洋・内田樹・佐々木中など34人）、河出書房新社、2009年
『中央公論』（9月号）「核密約と外務省の闇文書」佐藤優、中央公論社、2009年
『文藝春秋』（九月特別号）「自民党政治はいつ終ったか」中曽根康弘・渡辺恒雄座談会、司会御厨貴、文藝春秋、2009年

「意志の勝利」（レニ・リーフェンタール監督作品パンフレット）、メダリオン、２００９年
『Ｇ２』（九月号）「沖縄密約事件　西山太吉の妻３７年目の初告白」諸永裕司、講談社ＭＯＯＫ、２００９年
『大計なき国家・日本の末路』クライン孝子、祥伝社、２００９年
『文藝春秋』（10月号）「両陛下カナダ御訪問随行記」川島裕、文藝春秋、２００９年
『１９８４年』ジョージ・オーウェル、高橋和久訳、ハヤカワ文庫、２００９年
『平成皇室論』橋本明、朝日新聞出版、２００９年
『日本語の正体』金容雲、三五館、２００９年
『「邪馬台国＝畿内説」「箸墓＝卑弥呼の墓説」の虚妄を衝く！』安本美典、宝島新書、２００９年
『水沢渓遺作短編集』水沢渓、電子と医学社、２００９年

【著者紹介】

林　順治　（はやし・じゅんじ）

旧姓福岡。1940年東京生れ。東京空襲の1年前の1944年、父母の郷里秋田県横手市雄物川町深井（旧平鹿郡福地村深井）に移住。県立横手高校から早稲田大学露文科に進学するも中退。1972年三一書房に入社。取締役編集部長を経て2006年3月退社。

著書に『馬子の墓』『義経紀行』『漱石の時代』『ヒロシマ』『アマテラス誕生』『武蔵坊弁慶』『隅田八幡鏡』『天皇象徴の日本と〈私〉1940-2009』『八幡神の正体』『古代七つの金石文』『法隆寺の正体』『ヒトラーはなぜユダヤ人を憎悪したか』『「猫」と「坊っちゃん」と漱石の言葉』（いずれも彩流社）、『応神＝ヤマトタケルは朝鮮人だった』（河出書房新社）、『日本人の正体』（三五館）、『漱石の秘密』（論創社）、『日本古代史集中講義』『「日本書紀」集中講義』『干支一運60年の天皇紀』『〈新装改訂版〉八幡神の正体』（えにし書房）ほか。

えにし書房

Enishi Shobo

天皇象徴の起源と〈私〉の哲学

──日本古代史から実存を問う

2019年 2月25日 初版第1刷発行

■著者　　林　順治

■発行者　塚田敬幸

■発行所　えにし書房株式会社

〒102-0074 東京都千代田区九段南2-2-7 北の丸ビル3F

TEL 03-6261-4369　FAX 03-6261-4379

ウェブサイト　http://www.enishishobo.co.jp

E-mail　info@enishishobo.co.jp

■印刷／製本　モリモト印刷株式会社

 ISBN978-4-908073-63-2 C0021